自然の力を借りるから失敗しない

ベランダ
寄せ植え菜園

たなかやすこ

誠文堂新光社

はじめに

「どうして小さなコンテナでこんなに育つの？」
その答えは、寄せ植えだから…でした。

目には見えないような世界のことだけど
土の中の微生物は植物の根と助けあい
互いに必要な養分を与えあっているのです。
根にはその植物と、相性のいい微生物が集まってきます。
植物の種類が多いほど、微生物の種類も増えて
土の中に多様性が生まれます。
病気から守る力や、病気に負けない力も高まります。
だから「寄せ植え」は自然の理にかなった育て方だと思います。

小さな生き物の大きな力を借りながら、育てて食べる。
この本がベランダで野菜を育てるヒントとなりますように。

自然の力を借りるから失敗しない

ベランダ寄せ植え菜園

CONTENTS

Part 1

無理しない！ 失敗しない！ やって楽しい！

Part 2

暮らしの中においしい収穫が一年中ある！

Part 3

寄せ植えにピッタリの組み合わせがわかる！

おすすめ野菜&ハーブカタログ……105

Part 4

狭いからこそ素敵に演出&便利に活用

ベランダ菜園の舞台裏を公開……131

Short story

※本書の栽培カレンダーは関東のベランダを基準にしています。

※マンションのベランダは共有部分になるので管理規約をご確認ください。
土や葉による排水溝の詰まりがないように心がけましょう。

このベランダが私の菜園

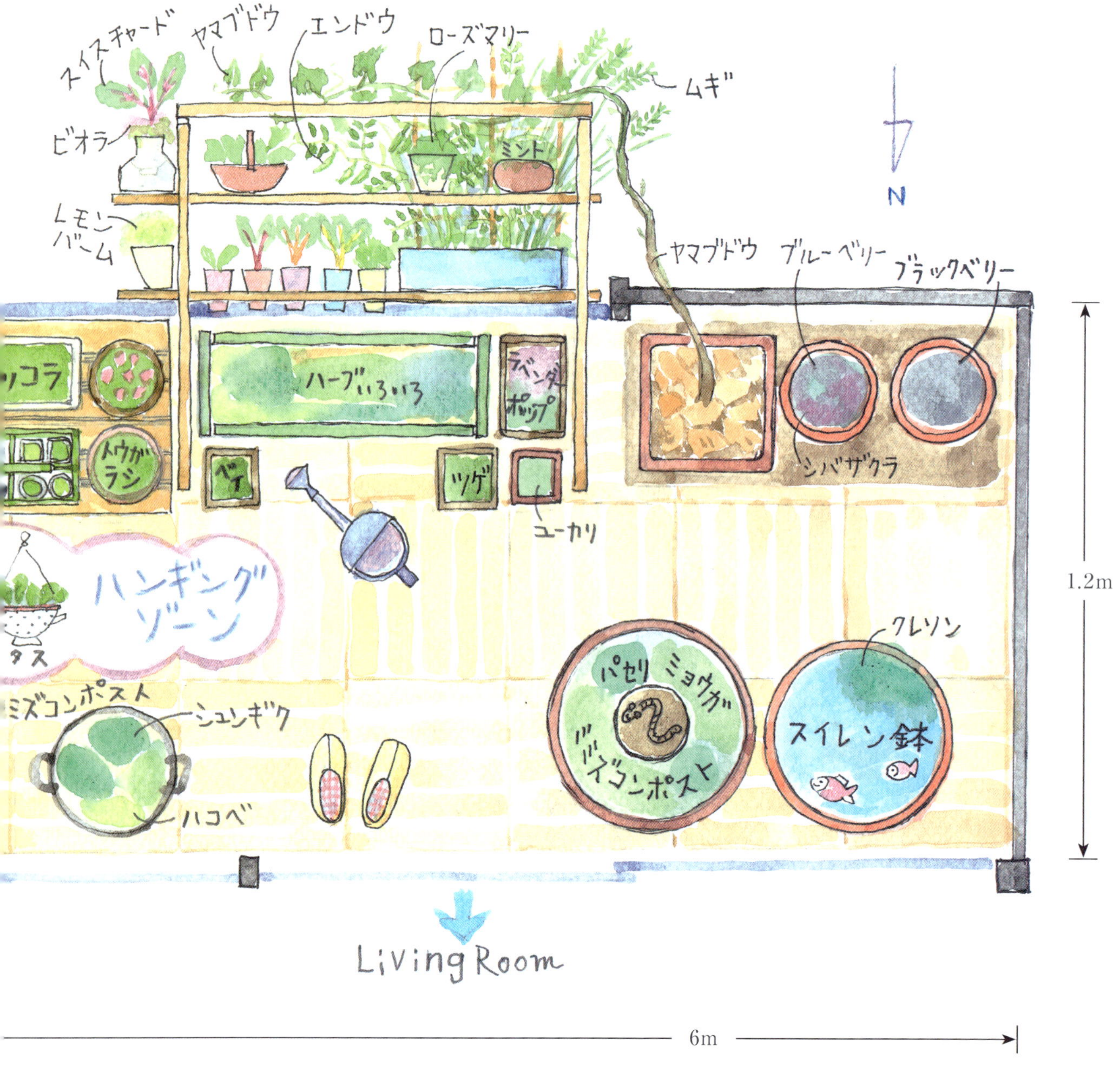

冬〜春

リビングにつながるベランダ菜園。
日当たりよいのがうれしいです。
3階なので風も穏やか。
奥行きは1・2mしかありません。
だから、立体栽培でスペース活用。
目線の高さに緑。緑。
リビングからの眺めが心地よいです。
コンクリートの床に
ウッドタイルを敷きつめたら
人にも植物にも優しくなりました。

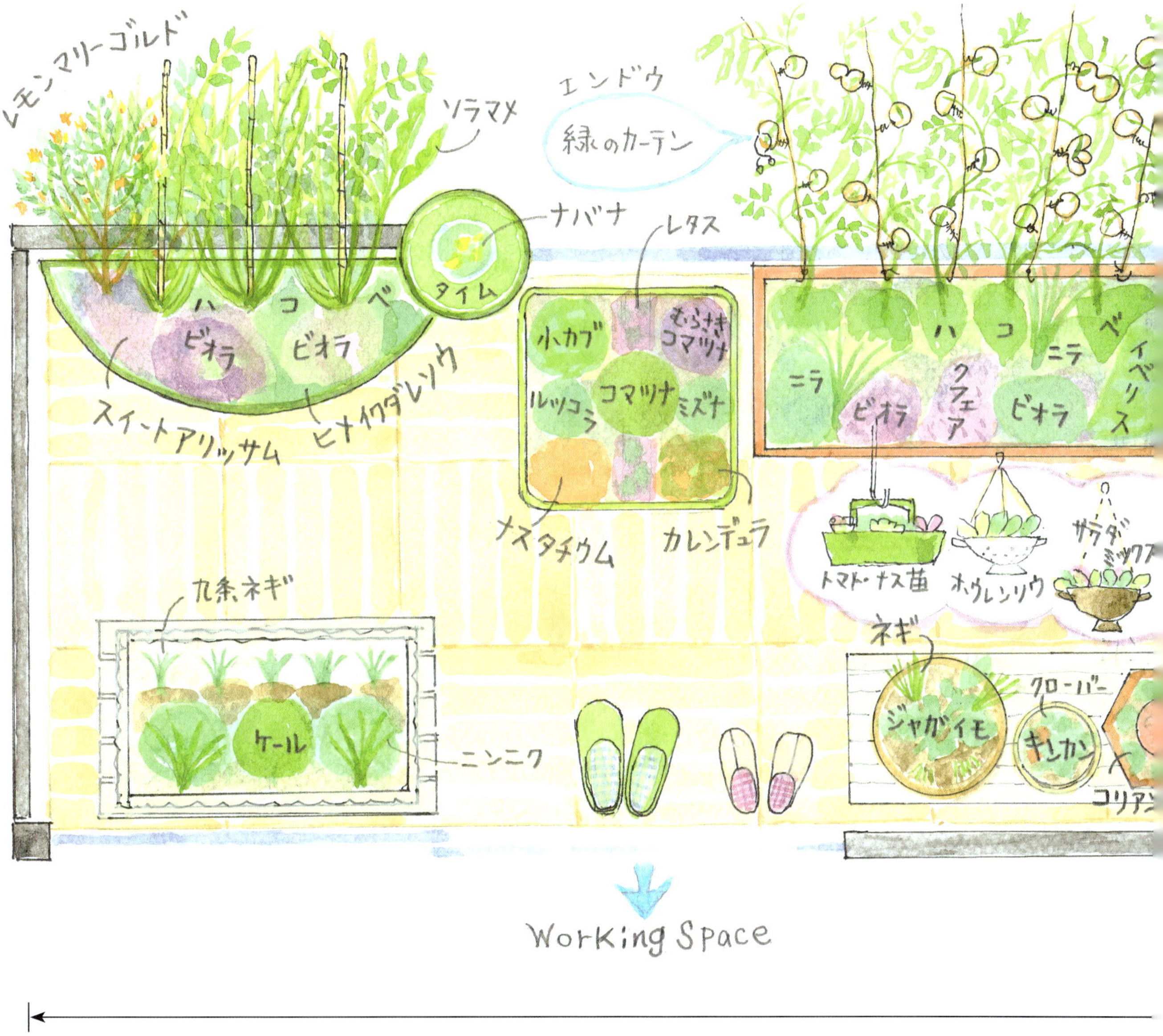

夏〜秋

トマトとバジルを摘んだら、
リビングを通ってキッチンへ。
キッチンで水を汲み、
リビングを通ってベランダへ。
リビングが野菜と水の通り道。
マンションであることを
忘れてしまうほど
自然が近い感覚。
グリーンカーテンも我が家の風景。
太陽の光越しに
緑の葉が輝いています。

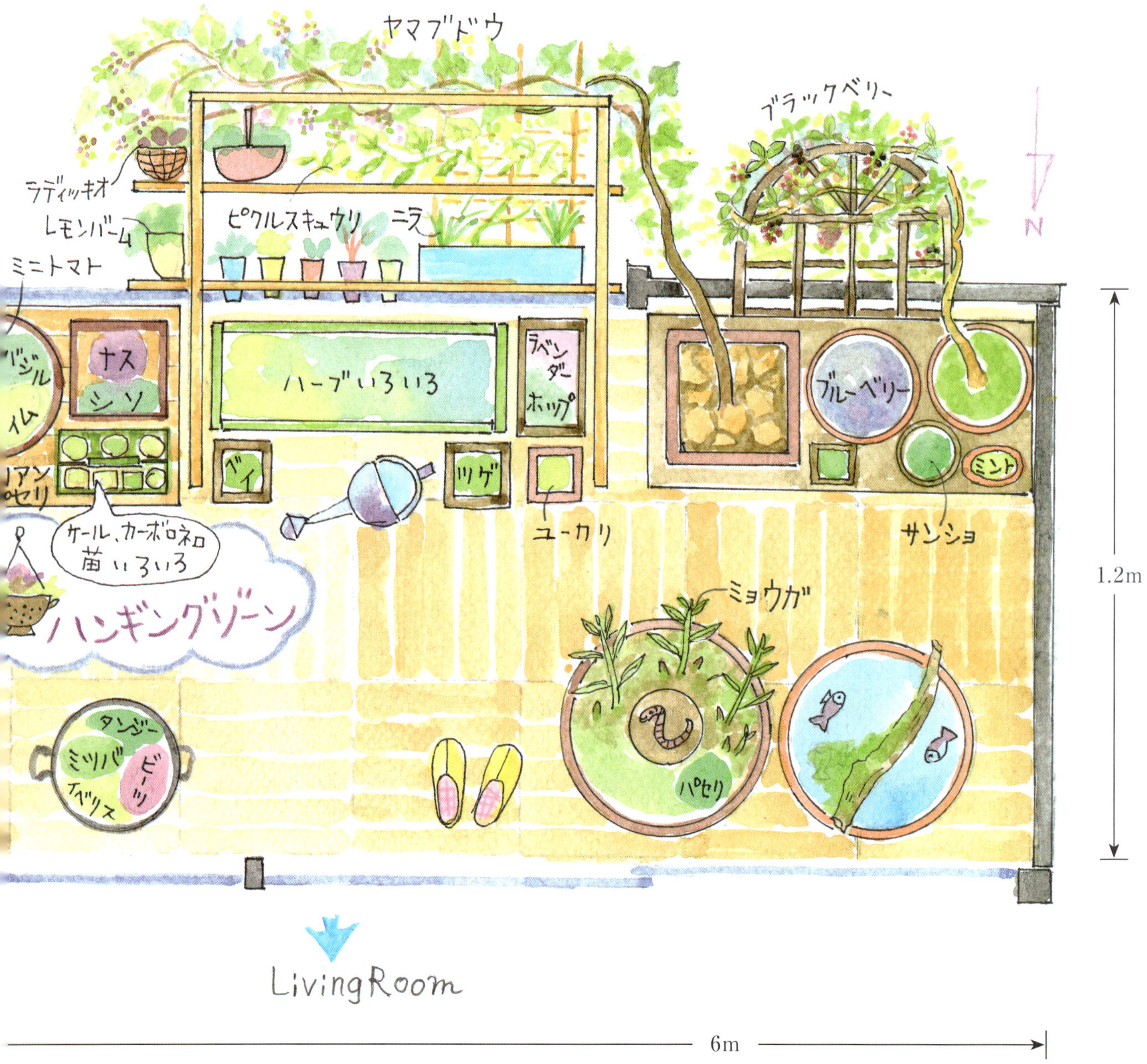

《ベランダdata》

所在地／千葉県船橋市
面積／約7.2㎡
階数／3階
方角／南向き

春

種まき・豆類の収穫・夏野菜の準備

**新鮮なベビーリーフに
おいしいおマメさん！**

日ごと暖かくなり、夜の冷え込みがゆるんだら、いよいよベランダ菜園のシーズン到来です。リーフレタスやラディッシュの種まきからスタート。間引きながら収穫するフレッシュなベビーリーフは、まさに春の味。冬から春へ、新鮮なビタミンを取り入れて、体もシフトチェンジするようです。

夏野菜の準備もこの時期。3〜4月上旬にトマトやナスの種まきをしますが、植えつけは十分暖かくなってから。5月のゴールデンウィークあたりがベストです。

秋に種まきしたキヌサヤやスナップエンドウ、ソラマメなども春のごちそう。冬の間にじっくりと蓄えた栄養が、豆のひと粒ひと粒に詰まっていて本当においしい。採れたてをサッと茹でで食べるのが一番の贅沢です。

Peas

A.リビング前のパーゴラの風景。冬は枯れ木のようになっていたヤマブドウが、春を待ちかねたように茂ります

B.エンドウのグリーンカーテンに、野菜苗の空中菜園。菜の花が咲いて春ならではの風景

C.発芽して間もないトマトやナスなど夏野菜の幼苗は、S字フックでつるして日当たりよく育てます

D.カモミールやボリジなど花がきれいなハーブを植えたバスケット

E.パーゴラに置いたミルク缶には、スイスチャードとビオラを寄せ植え

F.コランダーに種をまいたベビーリーフは、このまま食卓へ

G.６年以上も連作しているソラマメが収穫間近。ビオラも花盛りです

夏

茂るハーブ・実野菜、果樹の収穫

ベランダ菜園ならでは採れたての夏野菜！

真夏のベランダ菜園は、朝晩の水やりが一番のお世話。ジョウロを抱えてベランダとキッチンを5往復することも。でも水やりのたびにハーブの香りがふわっと漂うと、疲れも忘れてウットリ。天然のミスト効果で、クーラーもいらないほど快適です。

毎日少しずつ実をつける、夏野菜やブラックベリーなどの果樹。育てた愛着もあって、採れたてのおいしさは格別。産毛がキラキラと輝くミニトマトの美しさは、私がベランダ菜園を始めたきっかけにもなりました。暑さでグッタリした野菜を半日陰に移動したりと、真夏の力仕事でのどが乾いたら、ミニトマトをつまんでパクリ。甘さと酸味が体に染みて元気をもらうひとときです。

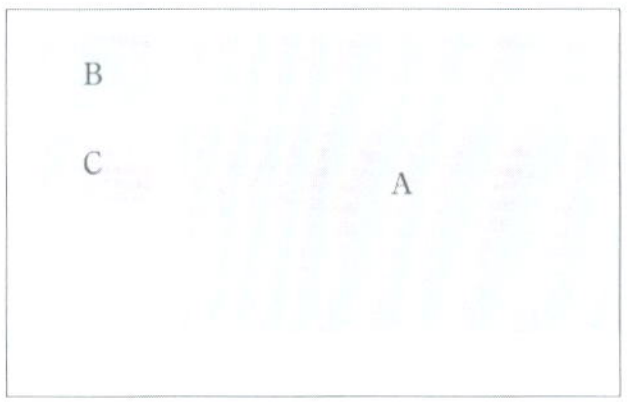

A.フェンス沿いの日なた最前線は、夏野菜の特等席。ミニトマト、ナス、キュウリなどを植えています
B.パーゴラの天井にはヤマブドウの葉が青々と。小さな実も発見
C.コンテナでもたくさん実をつける甘酸っぱいブラックベリー

A.まだ雌花がついているキュウリの赤ちゃん。見つけるとうれしくなります

B.日に日に色づいていくミニトマト。育てていなければ出会えない、ひとときの美に思わず見惚れてしまいます

C.赤く色づく前のベル型ミニピーマン。透けるようなグリーンが美しい

D.小さなプランターで育てている小ナスは7月に初収穫。実がやわらかくて美味

E.私のパソコンコーナーから3歩先にあるベランダ菜園

F.ミニトマトやキュウリは、横へ横へと誘引するとグリーンカーテンになります

秋

秋野菜の収穫・葉野菜の種まき

春以上の収穫！ じっくり育つ秋冬野菜

９月頃から秋苗が出回りますが、夏野菜はまだ元気。でも２０１７年は長雨のせいで夏野菜の収穫も少なめ。それでもいつ終了するか、毎年悩ましい秋の訪れです。

とはいえ、春以上の収穫が期待できるのは秋。９月はブロッコリーやカリフラワーの苗の定植に、ハーブの切り戻し、根菜の種まきを始めます。コンテナに直まきできる小カブは、育てやすくておいしい根菜の代表です。

確実に涼しくなってきた９月後半からコマツナやミニチンゲンサイなど葉野菜の種まきが始まります。苗を購入するなら10月に入ってから。肌寒い11月でもミズナやルッコラ、リーフレタスなどの種をまいて真冬に収穫。病害虫の心配もなく、ゆっくり大きくなるのでお世話も楽です。

A B C D
F
E
H G

A.ミニトマトを植えていたコンテナに、「すずなりキャベツ」を定植。土は取り替えずにミミズコンポストのみ追肥
B.長雨で元気のなかった小ナスは、8月に切り戻して無事、秋ナスを収穫
C.トウガラシは10月頃にようやく赤く色づいてきました
D.メキシコのトウガラシ「アミーゴ」。緑から黒へと色が変わって乾燥保存も
E.コランダーに種をまいたミックスレタス。中のエアパッキンは断熱材の代わりになるので、寒くても元気に育ちます
F.大葉シュンギク、カーリーケールなど発芽して間もない秋野菜の苗。定植前にしっかりと日光浴
G.日当たり良好のフェンス前に置いた小ナスのコンテナ。大葉は花穂がついて、そろそろ秋野菜とチェンジ
H.長雨で元気がなかったミニトマトは、10月になって花芽と青い実が。がんばっての気持ちを込めてヒモを結び直します

大葉
しゅんぎく

冬

葉野菜、冬野菜の収穫

寒くなるほど 味わい深い冬野菜

真冬でも冬枯れの風景とは無縁に、葉野菜の青々とした緑やビオラなどの花々が、ベランダを彩ります。陽だまりはポカポカで、11月に種まきしたエンドウやソラマメが少しずつ大きくなっています。リーフレタスやルッコラはベビーリーフを摘んで、サラダやサンドイッチに。

ハクサイ、キャベツ、コマツナ、ホウレンソウなどは寒くなるほど甘さが増し、一年でいちばんおいしい時期。お正月にはコマツナの仲間「大和真菜」を新年の初収穫として、お雑煮に入れるのが我が家の定番です。

ベランダは外の気温よりも暖かいのですが、北風が吹く夜は、ビニール袋をかぶせるだけでも、冷たい風が直接当たらず、保温効果があります。

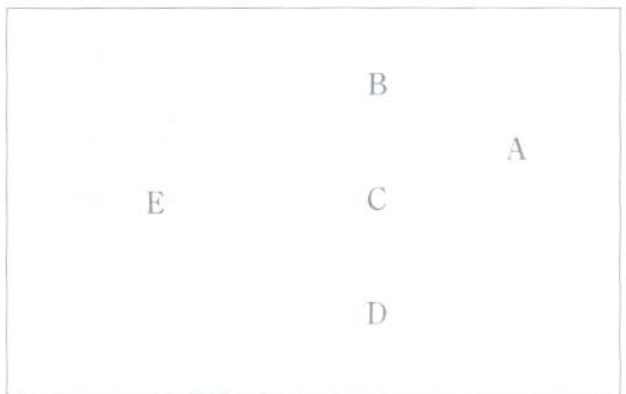

A.ワイヤーバスケットにハーブと一緒に植えたカリフラワーは、土が少なくてもこんなにおいしそうに育ってくれました
B.ブロッコリーは中心の花蕾を収穫しても、次々と脇芽が出て収穫が続きます
C.根のついたコマツナはまわりの葉を食べてから、芯の部分を残して土に植えると３週間で食べ頃に
D.竹かごに植えたハクサイ。ハクサイは寄せ植えには不向きですが、収穫できればひとつだけでも満足感があります
E.1月のベランダ菜園。洗濯物もこのコーナーに干すので、晴れた日は太陽の光の奪い合いになっています

Short story 1

ムギとノゲシ

パーゴラ上部の右側がムギ。その下はスナップエンドウ。ノゲシの黄色い花も咲いています

コンテナで自然発芽したふたつの植物

ベランダでムギが実りました。

その始まりは、キュウリのマルチング用に敷いたムギわらです。キュウリ栽培を終えてエンドウへとバトンタッチした後も使い続けていたら、晩秋にムギが発芽しました。わらの中にムギの穂（種）が少し混じっていたらしく、適期を感じて種が目覚めたのです。

ムギが発芽したコンテナは6年間エンドウを連作して、土の環境に自信はありました。でも、ワイン箱を利用したコンテナで深さが18㎝しかありません。発芽してもその先は…そんな心配をよそに、ムギの茎はエンドウを越えてパーゴラの最上部のヤマブドウエリアまで伸び、穂が出ました。さらにうれしかったのが、土の表面を覆って乾燥から守ってくれる雑草の存在です。ハコベに混じって、キク科のノゲシも現れました。ノゲシはムギと共にヨーロッパから渡来した帰化植物とか。

そんなふたつの植物が同じコンテナで発芽して…なんだかベランダが自然のリズムに近づいているような気がします。

50×34×深さ18㎝のワイン箱コンテナ。ハコベやホトケノザ、タンポポのようなノゲシと共に、ムギとエンドウが育って、まるで道ばたの箱庭みたい！

Part 1

無理しない！　失敗しない！　やって楽しい！

コンテナひとつで収穫がずっと続く4つのルール

野菜も植えたいし、ハーブも、花もやりたい。
ずっと続けたいから、無理なくラクチンなほうがいい。
そんな願いを叶えるのが「寄せ植え菜園」なのです。

たなか流ベランダ菜園 4つのルール

Rule

Rule 1

単植ではなく、寄せ植えに

Rule 2

微生物を味方につける土づくり

Rule 3

肥料よりも光合成

Rule 4

野菜が好む季節を選ぶ

寄せ植えしたミニトマトとバジルは定番のコンパニオンプランツ。食べてもおいしい組み合わせ

Rule 1

寄せ植えが多様性のある環境をつくる

コンテナでの野菜づくりを成功させるポイントは寄せ植えにあり。狭いベランダにうれしいことがいっぱいです。

狭いベランダだからこそ省スペースの寄せ植えを

ベランダ菜園を始めた頃、近所に借りていた畑から、レタスやチンゲンサイの間引き菜を持ち帰り、ベランダの花が咲き終わったところに植えていました。ごく自然に「寄せ植え」で野菜を育てることになったのです。

それから20年以上たった今も、ブロッコリーの横にソラマメを植えたりと、いろいろな種類の野菜がひとつのコンテナに並んでいます。野菜や花だけでなく、ハーブと組み合わせることも。

例えばトマトと、コンパニオンプランツのバジル。バジルだけを植えていると、葉がアオムシに食べられてボロボロになることがありませんか？

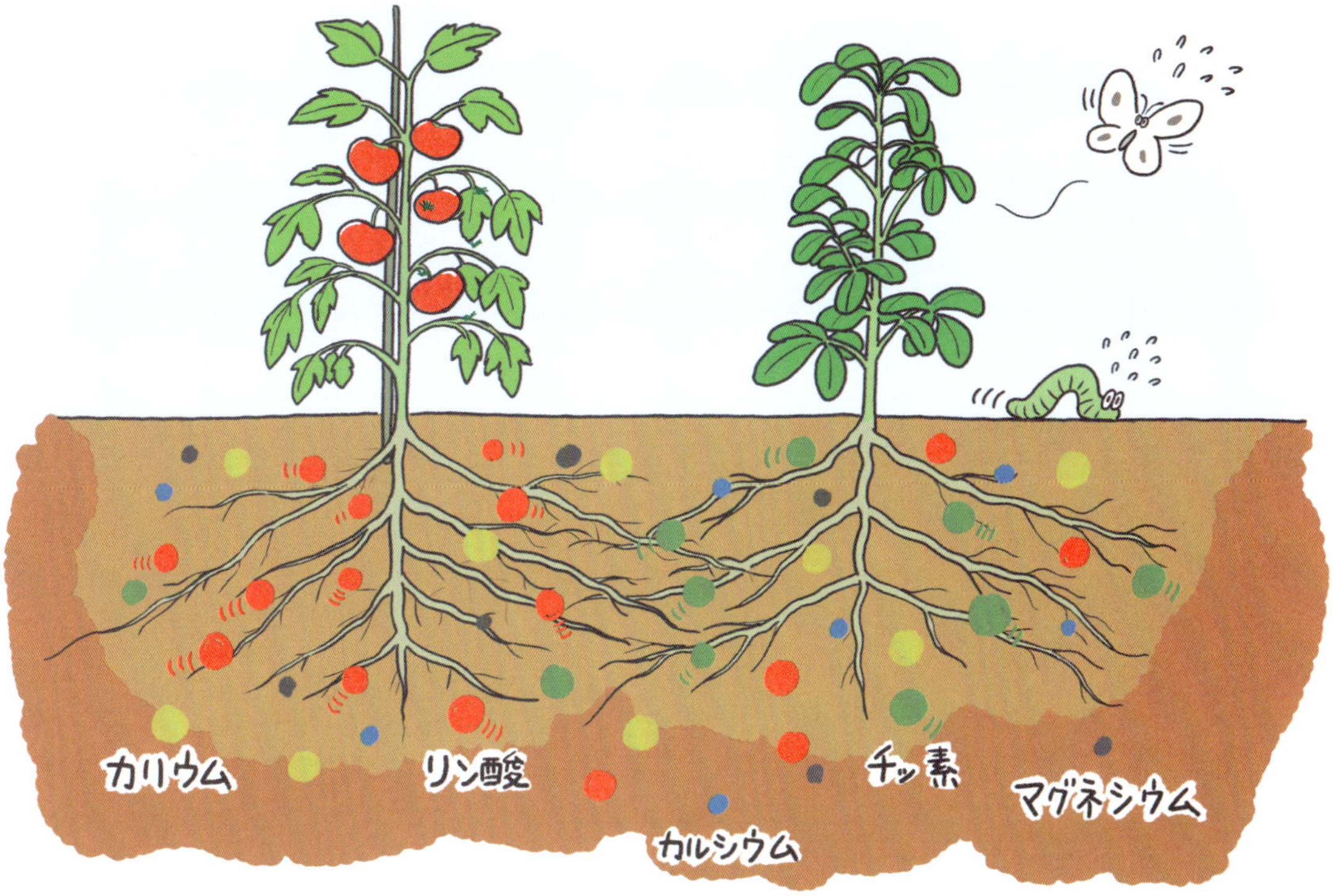

トマトとバジルはベストカップル

トマトはバジルの害虫を遠ざけ、実をつけるためにリン酸を多く使いますが、チッ素が余ります。チッ素は葉を茂らすためにバジルが使い、土の中のバランスを整えて病害虫を予防

でもトマトと一緒に植えると、トマトの葉の青臭い香りをモンシロチョウもアオムシも嫌がって、避けていきます。

トマトとバジルのイイ関係 土の中の栄養をバランスよく消費

野菜の成長にとくに必要な五大栄養素「チッ素」「リン酸」「カリウム」「カルシウム」「マグネシウム」。トマトは実を大きくするために土の中のリン酸をたくさん必要とします。でも、チッ素は余りぎみに。

そこで、葉を茂らすためにチッ素を使うバジルを一緒に植えます。実を育てる野菜と葉を育てる野菜の組み合わせで、土の中の栄養素がバランスよく消費されることになります。土の中のバランスが整っていると、不思議と病害虫が減ってきます。

生き物って、らせんのように必ず何かとつながっていて、常に調和しようとしているのです。野菜を育てながら自然を観察していると、そんなことに気づきます。

山や森、野原を思い浮かべても、同じ植物だけが存在することはないように、いろいろな植物や生き物が一緒になっている環境こそ自然です。

多様性があれば互いに協力しあい、バランスをとろうとしていくのも自然の力です。肥料を与えなくても、光合成と微生物のおかげで草木は育ちます。

コンテナひとつに、生命サイクルの異なる野菜とハーブと花、そして野の草も一緒に育てることは、自然のバランスに近づけることです。植物の種類が多くなると、植物同士の相乗効果はもちろん、根のまわりに共生する微生物（根圏微生物）にも多様性が生まれ、病気や乾燥、寒さから守ってくれたりといいことずくめ。微生物を味方につければ肥料も少なくてすみ、栽培管理がとても楽になります。

ひとつのコンテナで、野菜もハーブも花も一緒に育てられる寄せ植えは、とても理にかなった育て方です。

ココヤシ100%の土で育てたシソの根。
フワフワの細かい根がたくさん

ぬか床のように ずっと使える土を探して

「ベランダではどんな土を使っていますか?」と、よく聞かれます。野菜やハーブを寄せ植えで育てるなら、ぬか床みたいにちょっとずつ足しながら、ずっと同じ土を使いたいもの。ベランダ菜園を始めてから、繰り返し使える土を探し続けています。

最近いちばんよく使うのは、ヤシ殻を細かく裁断して土状にした「ココヤシ100%の土」をベースに、土の中の微生物のすみかとなる「もみ殻燻炭」を1割ほど加えたもの。もみ殻燻炭はもみ殻を燻して炭化させた土壌改良材です。ココヤシの繊維には無数の穴があり、保水力が高く、通気性もいい上に、なによりとても軽い。使用前の土は圧縮されたブロック状になっていて、水で戻すと何倍にもふくらみ、保存する場合もスペースいらず。ココヤシの土は、ヤシの繊維の長いものがおすすめです。

宮崎産の軽石を細かく砕いた「日向土」(細粒)をベースにしたコンテナもあります。どちらかといえば乾燥ぎみを好む植物向けで、通気性に優れ、軽くて崩れにくい土です。ベランダで使うからには軽さも大切。移動したり、つるしたりするには、軽い土でなければ作業が重労働になってしまいます。

土がよければ フワフワの根が育つ

これらの土は今も、入れ替えずに使い続けています。以前使っていた一般的な培養土では、土の処理が大変でした。使い続けると土が泥状になって使えなくなることも…。ココヤシは繊維なので使い続けても、粘土にはなりません。コンテナに支柱を入れても下まですっと入ります。水やりをしても土が流れ出ず、根腐れを起こしにくいのもメリットです。

野菜がうまく育たなかったとき、その野菜の根を見てください。植えつけたときのまま、短い根が固まっていませんか? 通気性がいい土なら、細い根が編み目のように発達します。水や肥料を効率よく吸収できるので、小さなコンテナでもよく育ち、風の強いベランダでも倒れずにしっかりと地上部を支えます。水やりを忘れて夜ぐったりしていても、朝に水をやるとシャキッとなるのは根が元気な証拠。酸素、水、養分を十分に吸収できているのです。

Rule 2 軽くて何度でも使える土づくり

収穫後の土、どうしていますか？　天日干しや、ふるいにかけたり…。そんな作業もなく、何度でも繰り返し使えたら、ベランダ菜園がもっと楽しくなります。

野菜+ハーブ+
花の寄せ植えも楽しめる!

基本の土づくり

(一般的な12号コンテナ2個分)

野菜もハーブも収穫できて、4年以上も取り替えずに使い続けている我が家の「土」。基本となるつくり方をご紹介します。

ココヤシ100%の土に土壌改良材と元肥をプラス

まずベースとなる「ココヤシ100%の土」を用意します。水で戻すブロック状のもので、肥料を含んでいないタイプがおすすめ。ホームセンターや100円ショップ、ネット通販などで購入できます。さらに保水性を補うために、土壌改良材の「もみ殻燻炭」を混ぜています。

このベースとなる土に、元肥として、市販の有機質肥料を規定量より少なめに加えます。私は「菌根菌入り有機元肥」と、我が家のベランダでつくっている「ミミズコンポスト(ミミズの糞堆肥)」を加えています。「ミミズコンポスト」は市販品もありますが、自分でもつくれるのでぜひ挑戦してみてください(P40参照)。

【用意するもの】※P136参照

Ⓐココヤシ100%の土……30リットル
Ⓑもみ殻燻炭……約150グラム(1割弱)
Ⓒミミズコンポスト(ミミズの糞堆肥。市販あり P136参照)……約300〜500グラム
Ⓓ菌根菌入り有機元肥……約50グラム

ココヤシ100%の土
ココヤシの繊維を圧縮したブロック状の土。4〜5Lの水を加えると、約3分で8倍以上にふくらみ、土として使えます(P136参照)

1
あらかじめ水で戻したココヤシ100%の土に、もみ殻燻炭を入れ、ミミズコンポストを加える

2
菌根菌入り有機元肥を加える

3
ぬか床をかき混ぜるように、全体をよくかき混ぜてからコンテナへ

Rule 2 軽くて何度でも使える土づくり

微生物が分解した土は植物の根がよく育つ

　植物が十分に根を張れるいい土をつくること。その土を取り替えずに、ずっと使い続けるにはどうしたらいいかと試行錯誤するうち、たどり着いたのが「土の中の微生物を育てる」ということです。

　土の中にいる膨大な数の微生物が活発に働くことで、植物が吸収しやすい形の養分に分解され、植物は根からそれらを吸収して成長します。微生物が分解した土はふかふかでやわらかく、植物の根がよく育つ土になります。すると、地上部の茎や葉、実もよく育ちます。また、微生物の中には、植物の根に共生して成長を助けるものもいます。ソラマメなどマメ科植物の根によく見られる丸い粒には空気中の窒素を取り込む「根粒菌」が住んでいて、追肥の役割もします。

　「菌根菌」も野菜栽培の強い味方になってくれる菌です。植物の根に入り込んで菌糸を伸ばし、土の中のリン酸やチッ素、ミネラルや水分も集めてきて植物にもたらしてくれるのです。ただし、菌根菌は肥料分の多い土では次第に消えてしまいます。私が肥料少なめを心がけ、基本の土に、もみ殻燻炭を1割程混ぜるのはそのため。もみ殻燻炭は、ほとんど養分を含まず微細な穴が菌たちの心地よいすみかにもなるからです。根粒菌や菌根菌は、植物が光合成で根に蓄えた炭水化物（糖分）を分けてもらって生きています。土の中の世界も互いに助け合っていると思うと土いじりが楽しくなります。

「ミミズコンポスト」で長く使える土に

　「ミミズコンポスト」とは、野菜くずなどの生ゴミを食べたミミズの糞を堆肥化したもの。糞は無臭で植物が吸収しやすい形の養分を多く含み、微生物のえさやすみかにもなります。長年使い続けると、ミミズの糞と我が家の土着菌が混ざり合い、ベランダ環境に順応しやすい堆肥となり、土づくりの要になっているように感じます。

ベランダ菜園でいろいろな野菜やハーブや花を植えた土は、どんな植物でも組み合わせられると実感しています。例えばマメ科の野菜は連作障害が出るので、一度植えた土は5年ぐらい空けるようにと園芸書には書かれています。

でも、限られた広さでは、なかなかそうはいきません。ソラマメやエンドウマメを育てている我が家のハンギングバスケットやプランターでは、もう6年以上もずっと同じ土でマメ科の野菜を育てています。「ミミズコンポスト」を入れたり、寄せ植えを繰り返し、今年も無事ソラマメを収穫しました。今のところ連作障害はありません。

この土があと何年使えるかはわかりませんが、連作障害も出ずに収穫ができるのは、マメ科の野菜だけでなく、ほかの野菜やハーブ、花と混植することで土の中の微生物が偏らず、いろいろな種類の微生物が活発に働いているからだと思います。見えない微生物を意識するようになってから、いっぺんに虫に食べられたり、病気などで全滅することもなく、抵抗力のある元気な野菜が育っています。

根粒菌ってなに？

エンドウやソラマメなど、マメ科植物の根に共生する土壌微生物が「根粒菌」です。根粒菌は空気中のチッ素を、マメ科植物が根から吸収できるように変換し、チッ素を供給します。マメ科植物は、光合成で蓄えた炭水化物を根粒菌に供給します。つまり、マメ科植物と根粒菌も共存共栄の関係。やせた土地でもマメ科植物が育つのは、根粒菌のおかげなのです。

収穫後に掘り起こしたエンドウの根。丸いコブのようなものがエンドウの根に共生する根粒菌

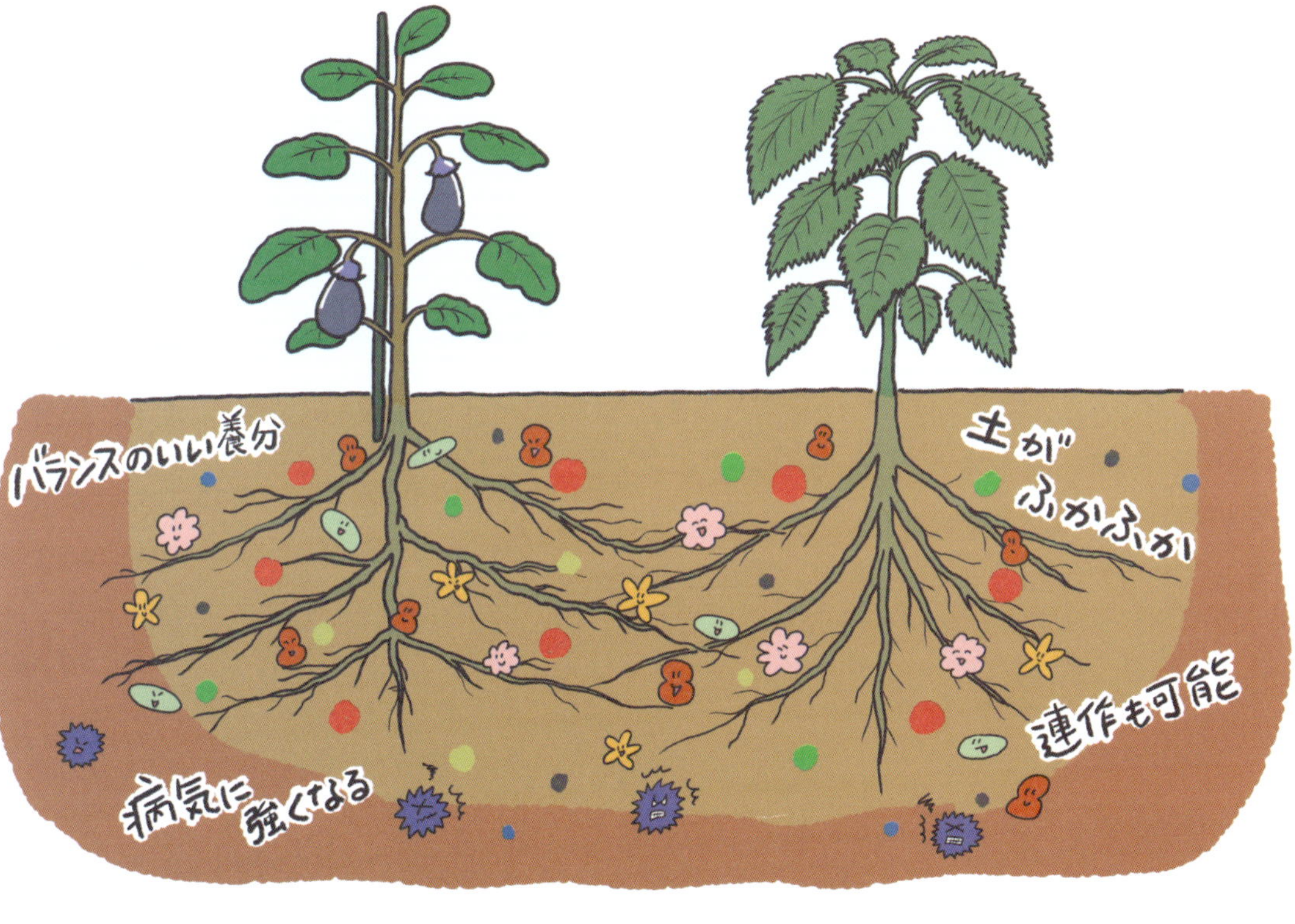

いろいろな微生物が増えると…

2種類以上の植物を植え、菌根菌など様々な種類の微生物が増えると多様性が生まれ、互いにバランスを取り合います。微生物が分解した土はふかふかで、病原菌も発生しにくい

Column

ミミズの力で生きた土をつくる

ミミズコンポストをつくろう

鉢口の広いプランターと小さな容器があれば、
ベランダでも始められる「ミミズコンポスト」。
40ページでつくり方もご紹介します。

我が家で20年近く使っている初代ミミズコンポスト。ガボックスという商品で、現在は販売されていません。外鉢が直径52cmと広口で、糞も採取しやすいです。外鉢には半日陰でも育つミョウガやミツバ、パセリを植えています

茶殻が黄金の土に変わる「ミミズコンポスト」

「黄金の土」ともいわれるミミズの糞。ミミズがいる土はよい土と昔からいわれています。『種の起源』で有名なダーウィンは45年間ミミズの観察を繰り返し、ミミズに関する著書を遺しました。

ミミズの糞にはチッ素や炭素が多く含まれ、リン酸、カリウム、マグネシウム、カルシウムなどの成分も植物が吸収しやすい形で含んでいる、まさに理想的な肥料。

ミミズの糞は、耐水性団粒構造といわれ、水やりをしても崩れにくいのも大きな特徴です。ジョウロでの水やりをイメージしてみてください。水を弾く小さな粒（ミミズの糞）が土の中にあると、微細な隙間ができるので、水の通り（排水性）がよくなります。その小さな粒の中には、さらに微細な隙間があって、水や空気、肥料をため込みます（保水性、保肥性）。土の中の微生物も栄養があるので隙間から入り込んできます。

畑では長雨が続くと土がドロドロになって、泥の跳ね返りから植物が病気になった経験があります。こんなときも、ミミズが土の中にいると、耕して隙間をつくってくれるので、水の通りがよくなります。おまけに、糞には様々な酵素や菌が含まれ病気の予防までしてくれる、小さなミミズの大きな仕事に脱帽です。

ミミズコンポストのもうひとつ優れた点は、ミミズの腸の中で有機物が消化されているので、植物の近くにも追肥でき、根を傷めることがありません。

長く使い続けている私のミミズコンポスト。使った分だけ土を足していますが、大掛かりな土の入れ替えはまったく必要ありません。ミミズは毎年春と秋に1ミリくらいのレモン型の卵を産みます。中から木綿糸みたいな白い赤ちゃんが生まれるので、手にのせて観察するのが私の楽しみです。

シマミミズの寿命は2年くらいと聞きました。でも死んだミミズを見たことがないのです。死ぬと自分の酵素ですぐに溶けて、土の養分となるそうです。ミミズって健気で偉いです。

まるでミニ地球！

こぼれ種から発芽したミニトマト。ハコベやコリアンダーに守られて1月に花芽がつき（写真）、春から夏にかけて収穫しました。まさに自然任せの栽培です

ミミズコンポストの外鉢でブロッコリーが自然に発芽。期待してなかったのに12月に直径13cmほどの花蕾を収穫！　その後、数本残した花蕾から菜の花が咲き（写真下）、種も採りました。ミミズの優しい肥料に育まれ、立派に育つことを実感

使用している鉢はウッドデコ六角450。容量20L（深さ26cm×幅45cm×奥行39cm）。

ではさっそくミミズコンポストをつくりましょう！

自分でつくる「ミミズコンポスト」

我が家のベランダに「ミミズコンポスト専用容器」（P39上）がやってきたのは2002年。小学校で自然の循環が体験できる教材として開発され、今でも愛用しています。ミミズの糞土で草花が育ち、赤ちゃんミミズも観察できる素晴らしい仕組み。残念なことに現在は販売されていませんが、自分でつくることもできます。以下を参考に、つくってみませんか。

使い方

植物が吸収しやすい養分たっぷりのミミズの糞土を利用して、野菜や花を育てることができるのが、このコンポストの特徴です。

ミミズは植物の根に共生する有用菌を体につけて、地中を移動しながら糞をします。細かい粒状の糞の多くは、外側の鉢の表層部分に溜まります。スプーンですくって新しい土に混ぜたり、元気のない植物にも加えます。スプーン1杯の糞に何億もの菌がいるのですから、少量でも効果があります。

つくり方

① 鉢口の広い木製の鉢を用意して、鉢底網を乗せて炭を敷き詰めます。

② 鉢の中央に底のない円筒形の器を置き、ココヤシ100％の土にもみ殻燻炭を1割加えた用土を外鉢に入れます。

③ 内側の器に、用土とシマミミズを入れて軽く混ぜます。

④ ③がミミズのえさ場、外側の鉢が排泄場になるので、ミミズが外側と内側を自由に行き来できるようにしておきます。

⑤ 外鉢で野菜やハーブ、花を育てます。

ミミズのえさ場は素焼きがおすすめ

プランターの中央に置く底のない器。ミミズのえさ場になるので植木鉢の底面を切り取り（ふたとして利用）、ミミズが出入りしやすように三角形の切り欠きをつけています。レンガなども切れる万能ノコギリなら、素焼きの植木鉢も切り落とせます。

左の素焼き鉢は三河焼ローズチェリー7号サイズ。1500円前後で購入した万能ノコギリで鉢をカット！

Q ミミズのえさは？

玄米茶の茶殻や野菜クズなど A

我が家では玄米茶の茶殻や野菜クズなどをあげています。肉や魚などは分解に時間がかかるので避けた方がいいでしょう。内側の器にミミズの食べ物を入れたら、土と軽く混ぜておきます

Q ミミズの糞はどこから取るの？

表面を削り取って使います A

ミミズの糞は外側のプランターの表層部分にたまるので、植物の栽培終了時に、表土を削るようにして採取します。普段は、植物の株間の土をスプーンですくって利用しています

中はこうなっている！

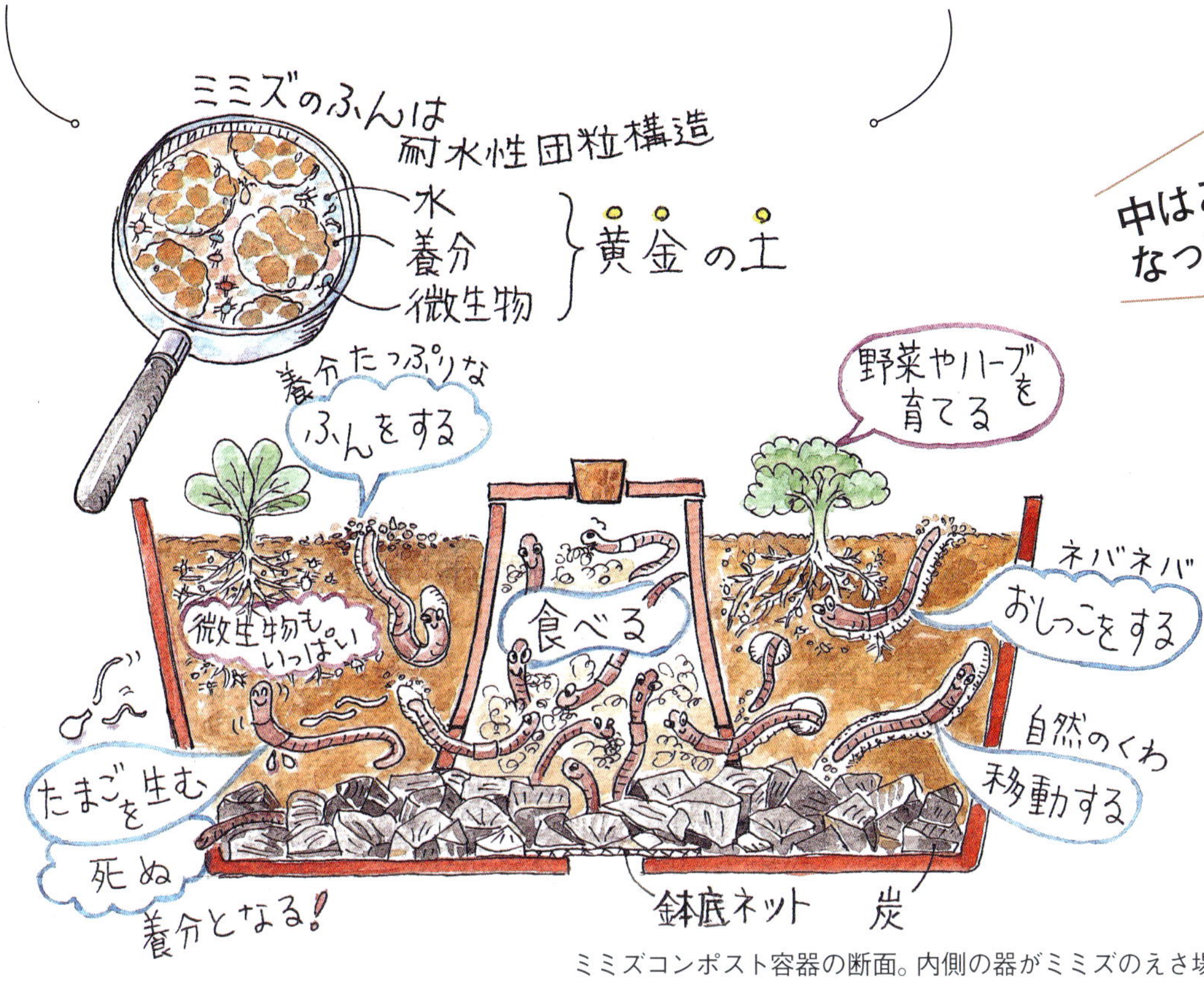

ミミズコンポスト容器の断面。内側の器がミミズのえさ場、外側の鉢が排泄場＆野菜畑。半日陰で、雨が降り込まない場所に置いて管理を

国産シマミミズの購入先

ミミズが土壌に果たす役割に注目し、「資源の循環をミミズから学ぼう」をテーマに環境学習の研究、普及活動を行う「公益財団法人科学教育研究会・ミミズ研究会（アースワーム研究会）」から、学校教材にも使用されている国産シマミミズを購入できます。詳しくは以下のホームページを参照し、ファックスにて申し込みを。

> 「公益財団法人科学教育研究会・ミミズ研究会（アースワーム研究会）」
> http://www.sef.or.jp/earthworm/earthworm_kyozaiitiran.htm
> FAX：03-6794-6782

【 用意するもの 】

○シマミミズ（200匹前後）※購入先は左参照
○深さ25〜30cm、直径45cm程度の木製プランター
○円筒形の器（約4L入る7号素焼き鉢など）
○木のふた（カットした素焼き鉢の底部分を利用しても）
○木のへら　○鉢底網（細目）
○バーベキュー用の炭（5cmぐらいの長さに）
○ココヤシの土（約30リットル）

これはNG！

肉、魚、ヨーグルトなどの乳製品、柑橘類、ニンニク、トウガラシなど刺激の強い食品／農薬がついた野菜／液体肥料や有機質肥料でも施肥はしない（自然の肥料バランスが崩れるから）／天然素材ベースであっても農薬はかけない（病気になることは少ないです）

Rule 3

追肥よりも大事な光合成

野菜の成長に必要なのは、高価な肥料よりも「光合成」。太陽にしっかりと当てて、水をたっぷり与えること。ふだんの管理の基本はたったこれだけです。

宝石のようなミニトマト。水やり時は実に水がかからないように注意を。水を浴びて太陽に当たると裂果の原因に

肥料をあげすぎると ひ弱な野菜が育つ

寄せ植えで野菜を育てていると、「肥料をあげるタイミングは野菜によって違うのだから、肥料はその都度あげるの?」と、聞かれることがあります。野菜づくりに肥料は欠かせないもの、必ずあげなければならないものと思い込んでいる方も多いのでは。

土づくりのときに入れる元肥は必要です。我が家でも元肥として前述の「菌根菌入り」のものや、市販の「ミミズの糞土」などを使っていますが、土の中の微生物が活発に働いていれば、その後の肥料はマストではありません。肥料は少ないほうが菌根菌などの微生物にはちょうどいいぐらいで、栽培期間の短いものに追肥は必要ありません。ベランダで花を育てている人は、使っている土に「ミミズの糞土」を入れてから野菜の苗を植えつけると土質が改善され、野菜もよく育ちます。

ただ、ナスなど栄養をたっぷり必要とし、長期間収穫する野菜は葉や芽の伸張が悪くなったら肥料をあげます。肥料はあげすぎると、土の中の養分が偏り、根が育っていないのに葉だけが茂るなど、抵抗力のないひ弱な野菜が育ってしまいます。虫が寄ってきたり、病気で全滅してしまうのは、栄養が偏っている野菜が多いです。

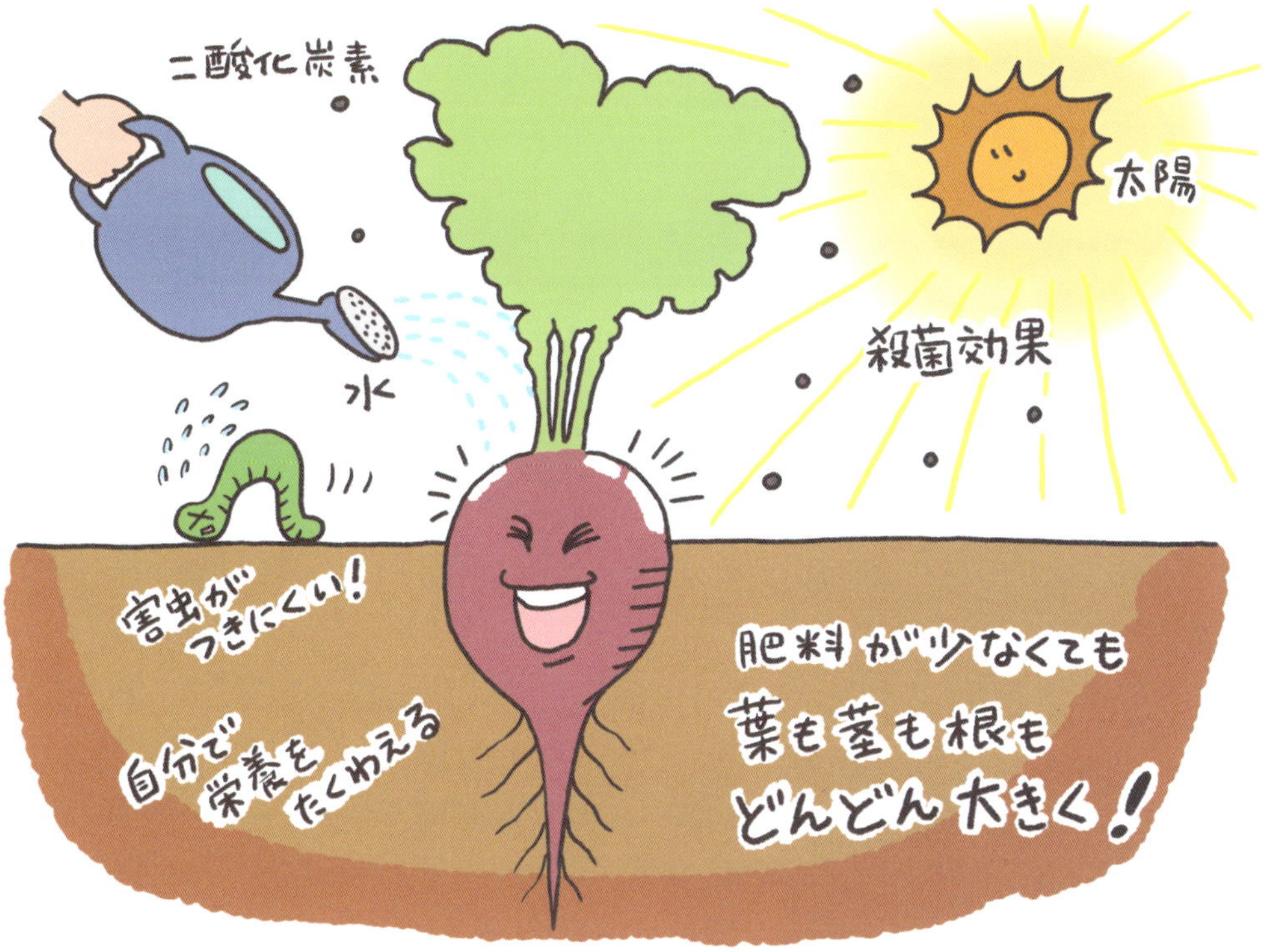
二酸化炭素
太陽
水
殺菌効果
害虫がつきにくい！
自分で栄養をたくわえる
肥料が少なくても
葉も茎も根も
どんどん大きく！

光合成すると… 太陽と水、二酸化炭素さえあれば、植物自ら行う「光合成」。しっかりと栄養を蓄えることができるので、病気にもならずたくましく成長

光合成に必要な水やりと日照

肥料よりも植物の成長に必要なのは「光合成」です。誰も肥料をあげない野原の植物も、自分で光合成をしてしっかりと養分を蓄えています。光合成には太陽の光と二酸化炭素と水が必要です。朝、太陽が昇ると同時に光合成できるのが理想的ですが、なるべく午前中早めの時間の水やりを心がけています。

土の量が限られるコンテナは、地植えと違って圧倒的に水不足になりがちです。植物も人間と同じようにやっぱり「水」が必要なのです。水やりは野菜の顔を見て、土が乾いていたらたっぷりとあげるのが基本。とくに真夏のベランダは照り返しや室外機の熱風も受けるので、朝と夕方の2回水やりをしています。秋冬は植えるものにもよりますが、2~3日に1度水やりをします。

でも、一概にはいえないことも。キュウリは実がつくと、かなり水を欲しがります。そんなときは水をこまめにあげましょう。

病気などのトラブル予防にも日照は大切です。ほぼ終日、日が当たればベストですが、1日4時間ぐらいでも葉野菜やハーブなら大丈夫。半日陰でも育つ野菜を選びましょう。ただ、トマトなど実のなる野菜は難しいかもしれません。でも、あきらめるのはまだ早い。工夫次第で日照不足を解消できることもあります。

発芽して間もないミニトマトやピーマンなど夏野菜の苗。ベランダにつるしてたっぷりと日光浴

発芽して間もない新芽は太陽にたっぷりと当てると、丈夫な苗に育ち、収穫もアップ

ハンギングバスケットの代わりに、不織布のバッグやコランダー、ホーロー鍋をつるして

Rule 3 追肥よりも大事な光合成

コンテナは床に置かず ラックやスタンドを利用

ベランダ菜園を始める前に、じっくりとベランダを観察してみましょう。日当たりが悪いと思っていても、東側なら早朝から朝日を浴びることができますし、西側なら夕方遅くまで光が差します。光合成には太陽の光が大切。とくに発芽したばかりの新芽は光を求めて伸びるので、太陽の光をしっかり当てておくと、ヒョロヒョロと徒長することなく、がっしりと太い苗になりスムーズに成長します。

また、季節によっても光の差し方が違ってきます。太陽の位置が高い夏はフェンス際が最も日当たりのいい場所になり、太陽が低く差し込む冬は室内側の奥まで日が当たります。光が当たる場所に合わせて、コンテナを移動させましょう。

コンテナの移動が難しい場合は、コンテナを床に置くのではなく、空間をタテに使って日当たりのいい場所をつくります。ベランダは上の方が日当たりも風通しもよく、植物にとっていい環境です。高さのあるラックやスタンドに置いたり、スペースがあればベランダに設置できる組み立て式のパーゴラを置くと、栽培場所がグンと広がります。ラックやパーゴラは室内側に取り付けることが多

床は光が届きにくいので、脚つきコンテナやラックを使い、物干しフックでハンギングも

今あるものがハンギングバスケットに変身！

わざわざハンギングバスケットを買わなくても、身近にあるものを使って、ひと手間加えれば、意外にもステキな空中庭園になります。

アンティークのクグロフ型に炭を入れて

イギリスのアンティークフェアで購入したお気に入りのクグロフ型。中心に開いた穴に留め具をつけヒモを通しています。多少深さがあるので、底に軽くて通気性のいい炭を入れて鉢底石の代わりにしています。

いのですが、植物にとっては風通しのいいフェンス側に取り付けたほうがいいでしょう。ただし、マンションのベランダの場合、共有部分になるので管理規約に従った設置を工夫しましょう。

ハンギングバスケットなら日当たりも通気性もバッチリ

天井に物干し用のフックがあれば、空中で栽培できるハンギングバスケットがおすすめ。効率よく太陽の光をキャッチできる上に、通気性も抜群です。市販のハンギングバスケットもいろいろな種類がありますが、もっと身近なものでも利用できます。キッチン用品の水切りボウル「コランダー」や、穴を開けたブリキのバケツや鍋、不織布のエコバッグなど、持ち手がついていれば簡単につるせるので、眺めてもオシャレな空中庭園になります。

使用する容器は水が抜けるものを選ぶこと。底に穴があればOKですが、なければ自分で穴を開けましょう。五寸釘とかなづちを使って開けるか、電動ドリルなどを使います。不織布のバッグは千枚通しで水抜き穴を数カ所開けます。目の粗いワイヤーバスケットなどは不織布やヤシ殻などを敷き詰めればコンテナとして使えます。

エッグバスケットは不織布を敷いて

オシャレなキッチン雑貨のエッグバスケット。持ち手がついているので簡単にハンギングバスケットになります。目が粗いので、写真のように折りたたんだ不織布を敷き、穴を開けてから土を入れます。深さがないので、鉢底石は必要ありません。

4 Rule 野菜づくりがうまくいく季節を選ぶ

ほとんどの葉もの野菜は春と秋の２回、種まきができますが、春に種まきをすると失敗しやすい野菜もあります。季節を選べばもっと簡単に、失敗なく野菜づくりが楽しめます。

秋の終わり頃にキャベツを植えつけるところ。本葉５枚ぐらいになったら植えつけ最適期

アブラナ科の野菜は病害虫の心配がない秋に

私が住む千葉県の都市部は比較的温暖で、秋から翌春がベランダのベストシーズンとなります。冬は日照時間が短くなりますが、太陽の光が低く差し込むのでベランダの奥まで光が届きます。その上、ベランダは真冬でも畑より2〜3度暖かいので、いろいろな野菜を育てることができます。

さらにうれしいことは、秋冬は病害虫の心配がほとんどないこと。春に種まきした葉野菜が虫に食べられてボロボロになった経験はありませんか？　初心者でも簡単に始められるコマツナやミズナなどアブラナ科の野菜は、アオムシなどの大好物。春にまくよりも、秋にまいた方が虫は少なく、冬に向けてゆっくり成長し、長い期間収穫が楽しめます。

秋に種をまくと成長期に気温が下がるので、いつ種をまくかで育ち具合が異なります。ベランダは畑よりも暖かいので、種の袋に記載された栽培適期を参考にして、適期後半に種まきをすれば虫の被害はぐんと減ります。また、春夏よりも水やりの回数が少なくてすみ、栽培管理も楽です。

ハクサイ、コマツナ、ホウレンソウなどは寒くなればなるほど、糖を蓄えて身を守ろうとするので甘みが増します。ルッコラなどのハーブも葉がふわふわとやわらかく、ミズナやカラシナ、ベカナなどのベビーリーフもみずみずしく、絶品です。葉野菜の栽培は春よりも秋。無理のない季節を選べば、野菜づくりの失敗はグンと少なくなります。

秋～冬に育てたい おすすめ野菜

ルッコラ	コマツナ	ホウレンソウ	ミズナ	カラシナ
ベカナ	チンゲンサイ	小カブ	ハクサイ	ダイコン
キャベツ	ブロッコリー	カリフラワー	シュンギク	ラディッシュ

真夏と真冬以外ならいつでも種がまけるルッコラやコマツナは、種から簡単に育てられる初心者向きの野菜です。ただし、春に種をまくと虫のえじきになるのでご注意を。秋冬ならゆっくり育ち、葉もやわらかいです。

小カブ
春と秋に種まきができますが、アブラナ科なので秋がおすすめ。栽培期間が短いので初心者向きです

ルッコラ
秋に種をまくと、早春にはアイボリー色のかわいい花が。葉も花も、ピリ辛でゴマ風味、すごくおいしい！

チンゲンサイ
間引いた苗を、空き缶に植え替えたミニチンゲンサイ。秋だから間引き菜でも病害虫の心配は、ほとんどなし

春に育てるならレタス原産地を知ることも大事

どうしても春に種まきがしたいという方は、虫に強い品種を選びましょう。同じ葉野菜でもキク科のレタスには虫が寄りつきません。とくにレッドリーフレタスなど赤系の色には、害虫もまったく見向きもしないので、いろいろな野菜と組み合わせてみるのがおすすめ。多品種のレタスの種がミックスされたものも市販されているので、サラダのような寄せ植えが楽しめます。

種は暗いところで発芽するものと、発芽に弱い光を必要とするものがあります。ほとんどは前者なので、発芽するまでは鉢に湿らせた新聞紙をかけて暗くしておきます。また、レタスやニンジンなど弱い光を好む種は、土をかけすぎると発芽しません。ごく薄くかけるか、手で軽く押さえるぐらいにしましょう。

また、野菜を育てる上で知っておくと便利なのが、野菜の原産地について。

例えばナスの原産地はインドです。夏季はモンスーン気候で、6～9月の降雨量が年間70％以上も占めるので、ナスの生育期間はほぼ雨です。ナスがたくさんの水を必要とする理由がなんとなくわかって、育てるときのヒントにもなります。野菜の世話をしながら、生まれた国に思いをはせるのも楽しいひとときです。

3月頃からコマツナに寄ってくるアブラムシ

Short story 2

根の仕事

上／日向土に炭くずを混ぜて育てたササゲとトマト。トマト終了時に根を見たら、炭と土粒が根に吸い寄せられていてビックリ。糸を引く粘性のある物質も確認できました

下／ココヤシの土で育てたショウガ。ふわふわの根には細かい土の粒がびっしり！　根毛が白い半透明でみずみずしく、ショウガを収穫後、土の中に戻しました

根と微生物がつくる「生きた土」

家庭菜園を始めた頃から、根は大事と意識してきました。根は土の中で植物を支えて、水分や養分を茎や葉に送り出す役割をしています。土の量が限られているコンテナ栽培では、太い根よりも細かな毛根をよりたくさん発達させることが大切です。そのためには、微細な隙間がたくさんある団粒構造の土で育てるのが理想的です。

ふかふかとした団粒構造の土を継続していくためには、土壌微生物だけではなく根の力も借ります。根の周りに共生する根圏微生物は、根毛より長く菌糸を伸ばして土の中の養分を分解します。そのときに出る粘性の高い物質が土の粒をつないで、団粒化を進めてくれるのです。微生物が多い土のことを「生きた土」といいますが、こんな様子を表現したのかもしれません。根も先端からムシゲルと呼ばれる粘液性の物質を分泌して、根の表面に微生物を定着させます。根が無数の微生物と協力して土づくりをしていると想像すると、土の中の世界が神秘的に輝いて見えます。

Part 2

暮らしの中においしい収穫が一年中ある！

主役になる寄せ植え菜園のつくり方

春夏はミニトマトにバジル、さて秋冬は何を植えましょうか。
寄せ植え菜園のはじめ方、組み合わせ例、
そして何年にもわたって寄せ植えをしたコンテナを初公開します。

寄せ植え菜園をはじめよう

How To

小さなベランダでも、野菜やハーブや花も一緒に育てられる便利な寄せ植え菜園を、
さっそくつくりましょう。まずは組み合わせ方のコツをご紹介します。

何を組み合わせる？ 寄せ植え菜園のコツ

レタス、ニラは寄せ植えに便利な野菜

　寄せ植えが多様性のある環境をつくることがわかってから、いちばんよく組み合わせるのが、ルッコラなどのアブラナ科とレタスなどのキク科です。秋にミズナやコマツナなどの種をミックスしてまくのですが、そこにレタスが入っていればアブラムシやコナガなどの害虫を遠ざけることができます。中でもサニーレタスやトレビスなど赤色の葉には見向きもしないほど。赤色に含まれているポリフェノールの苦味をチョウや虫が嫌うからです。

　ニラやネギ、ニンニクなどは根にも抗菌物質が含まれ、土の中の微生物が豊かになり、病害虫も防ぎます。とくにニラは暑さにも強く、株分けして増やせるのでトマトやキュウリ、ナスなどの夏野菜と混植することが多いです。

コンパニオンプランツでもコンテナ向きではないものも

　これらはコンパニオンプランツと呼ばれ、お互いの生育を促したり、病害虫を防いでくれたりする有益な関係をもつ植物です。自然栽培の畑でも実践されていますが、鉢栽培にもあてはめることができます。ただ、鉢栽培に向かない組み合わせもあります。

　トマトとラッカセイもコンパニオンプランツといわれていますが、

失敗しない！

寄せ植え菜園のポイント5

ベランダで寄せ植え菜園を始めてから、
実際に成功した一例です。

Point 1 * 虫が好むアブラナ科にはキク科の野菜を一緒に植える

<アブラナ科>
ミズナ、コマツナ、キャベツ、チンゲンサイ、ハクサイ、ルッコラ
+
<キク科>
レタス、シュンギク、カモミール、チコリ、ラディッキオ

アオムシの好物であるアブラナ科の野菜には、独特の香り成分を持つキク科の野菜と混植して、虫を遠ざけましょう。

Point 2 * 夏野菜には暑さに強いニラとの混植で病気予防

ナス、トマト、ピーマン、キュウリ、トウガラシ
+ ニラ

ネギの仲間であるニラは夏の暑さにも強く、ニラの根に共生する拮抗菌が病害虫を防いでくれます。互いの根をからませるように植えつけるとさらに効果的です。

Point 3 * 生命力の強いハーブはいろいろな野菜と組み合わせて

トマト、ピーマン
+ バジル

ナス、シシトウ、トウガラシ、オクラ
+ タイム

ハーブには香りで虫を遠ざけたり、土をよくしてくれる効果あり。多年草も多く、植えっぱなしにできて料理にも使えるのでいいことずくめ。

Point 4 * 花を使ってマルチング&受粉を助ける虫を誘う

インゲン、ササゲ、ゴマ
+ ペチュニア

その他、寒さに強いビオラやスイートアリッサムを野菜と一緒に植え、乾燥を防ぎ、地温を保つマルチングとして利用。虫を誘って受粉を助ける効果も。花があると自然に目が行き届き、水やりや虫とりなどこまめにお世話できます。

Point 5 * 終了した野菜の細かい根は土の中に戻す

収穫が終了した野菜を抜き取るとき、フワフワした細かい根はそのまま土に戻し、すき込みます。まだコンテナに残っている他の野菜のために、土の中のバランスを崩さないよう、菌根菌を残しておきましょう。

実際に植えてみるとラッカセイは花が咲いた後に子房柄《しぼうへい》と呼ばれるツルが伸び、土の中に潜って先端にマメができます。トマトと一緒のコンテナでは窮屈すぎて収穫は少なめでした。

その点、生命力の強いハーブは限られたスペースにも順応するたくましさがあります。野菜との相性もよく、土の質を向上させたり、香りで虫を遠ざけたりする効果も。多年生のものが多いので植えっぱなしにできるのも魅力です。我が家の野菜が連作に強いのは、ハーブを一緒に植えているからだと感じています。

ベランダで20年以上も寄せ植え菜園を実践していると、体感的にいい組み合わせがわかってくることもあります。パート3のおすすめ野菜&ハーブでは、実際に試してみて混植するといい組み合わせも紹介していますので、参考にしてください。様々な寄せ植えを楽しみながら、ご自分のベランダの環境に合う組み合わせを見つけていきましょう。

実践編 Ver.1

初夏の定植、夏の収穫、秋の植え替えまで
ミニトマトの寄せ植え

夏野菜の代表、ミニトマト。5月に植えると晩秋まで収穫できます。コンパニオンプランツのバジルやタイムと一緒に植えて育てましょう。寄せ植えのつくり方から、育て方、秋の植え替えまでを詳しくご紹介します。

ミニトマト+バジル+イタリアンパセリ+タイム

一般的な園芸用深鉢を使って、夏から晩秋まで収穫できるミニトマトとバジルを植えつけ、加えてトマトの陰に隠れても丈夫に育つイタリアンパセリ、受粉を助けるハチを誘うタイムを組み合わせました

コンテナサイズ例

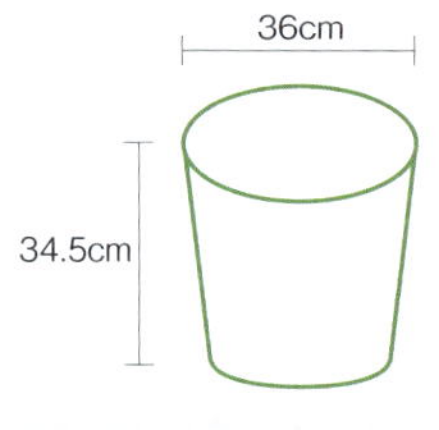

置き場所

育てやすさ ★★★

Step 1

初めて育てる人もこれならできる！ ミニトマトの寄せ植え菜園づくり

すっかり暖かくなった5月、ミニトマトの苗を準備します。互いに助け合い、トマト料理にも使えるバジル、イタリアンパセリ、タイムも一緒に植えましょう。

【用意するもの】

5月9日

Ⓐミニトマト（千果）の苗
Ⓑバジルの苗
Ⓒイタリアンパセリの苗
Ⓓクリーピングタイムの苗

※その他、12号プランター、基本の土（P35参照）、鉢底石、支柱

鉢底石は水切りネットに入れると使い回しができて便利

①土を入れる

深さのある鉢なので、通気性を保つ鉢底石は厚め（5cm程度）に敷き、用土を入れます

②支柱を立てる

土を6分目ぐらいまで入れたら、支柱を立てて倒れないようにさらに土を入れます。今回はオベリスク（塔型の支柱）を使って「あんどん仕立て」に

野菜の苗は端っこがよく育つ！

③配置を決める

土を8分目ほど入れ、ポットごと苗をのせて花のついている方向を見定め、鉢の外周に植えると、根が呼吸しやすく、根張りもよくなります

ミニトマトは一番花が咲いたら植えつけ適期

④ミニトマト定植

ミニトマトの花を外側に向けて、根を崩さないようにして植えつけます。接ぎ木苗の場合は、接ぎ目が土で隠れないように注意

ムレに弱いので風通しよく！

⑤バジル苗のカット

バジルは植えつけ前に、株元の混み合っている部分をカットします

根鉢の中心に手を入れやさしくほぐしてね

⑥バジル定植

株元をすっきりさせたらバジルを植えつけます。ポットから取り出したら、根を軽くほぐしてから定植

⑦イタリアンパセリ定植

イタリアンパセリもバジル同様、根を軽くほぐしてから植えつけます

⑧タイム定植

ポットからタイムの苗を取り出し、根を崩さないようにそのまま植えつけます

支柱と苗の間にゆとりを持たせて

⑨ミニトマトの誘引

麻ひもを使ってミニトマトの苗を支柱に結びます。茎が太くなることを想定して、ゆるめに2、3回ひもをねじって結びつけます

水をあげて、できあがり！

⑩完成

鉢底から流れるくらい水をたっぷりあげて、日当たりのいい場所に置きましょう

Step2

定植後の菜園を収穫までレポート!

ミニトマト寄せ植え菜園の育て方&収穫

5月に定植したミニトマト寄せ植え菜園のその後を、日付を追ってレポートします。ベランダの日当たりのいい場所に置いて育ててみましょう。

5月11日

一番花
このあたりは
カット済

脇芽を摘んで養分集中

葉の付け根から生えてくる脇芽は手でまめに摘み取ります

6月20日

脇芽かき!

暴れる枝を誘引&脇芽かき

梅雨に入り、勢いを増すミニトマト。オベリスクに巻き付くように誘引し、ついでに脇芽かきも。下の段には色づき始めた実がなっています

7月6日

初収穫!
色づいたものから順番に収穫!

完熟したものから摘み取る

同じ花房でも順番に完熟するタイプのミニトマトなので、赤く熟したものから収穫します。バジルやイタリアンパセリも混み合っているところを、料理に使う分だけ摘み取ります

長雨にも負けなかった丈夫なミニトマト

5月9日に苗を植えつけてから、日当たりのいい台の上で、時々向きを変えて育てました。

ミニトマトは脇芽を放任すると細い茎だらけになるので、「脇芽かき」を行います。ただし、3段目ぐらいまでトマトを収穫して茎が太くなったら、その後に伸びてくる脇芽は摘まなくても大丈夫です。7月には収穫最盛期を迎えましたが、8月は長雨のせいで収穫量がダウン。それでも、12月まで実をつけてくれました。

今年の夏は長雨だったけど
こんなに元気！

8月22日

まだまだがんばる寄せ植え菜園

関東地方は記録的な長雨だった2017年夏。いつもの夏より収穫量は少ないけれど、ミニトマトもハーブ類もこんなに元気です

おいしそ〜

ハーブも使う分だけ収穫

バジルは花芽がついたら早めに摘み取り、秋まで収穫できるようにします。イタリアンパセリやタイムも風通しよく剪定しつつ、収穫します

バジルは摘芯して

採れたてが一番のごちそう！

長雨にも負けず、おいしいトマトやハーブをほぼ毎日のように収穫。今日も採れたてをいただきます！

今日はこんなに
収穫できました

収穫最盛期！

7月27日

ミニトマトやハーブを次々収穫

下段のミニトマトの収穫が終わったら、脇芽はそのまま伸ばして、次々と実をつけさせます。元気なハーブたちも剪定を兼ねて収穫を

Step3

夏のバジルが終わったら秋野菜!

ミニトマト寄せ植え菜園の植え替え

ミニトマトの収穫が落ち着いた頃、そろそろバジルを終了させて秋野菜にチェンジ。
高い栄養価とおいしさで今話題のイタリア野菜・カーボロネロを植えます。

10月21日

最後のバジル収穫!

バジル終了

秋野菜を植えつけます!

太い枝みたい

枝ごとバッサリ切り取る

バジルを枝ごとバッサリ切って最後の収穫です。かなり力を入れないといけないほど、太い枝のようになっています

Before

バジルからカーボロネロへ

花芽を摘むと11月頃まで収穫できるバジルですが、涙をのんで終了。寄せ植え菜園と同じ土で種から育てたカーボロネロと入れ替えます

おつかれ～
バジル終了

ざくざくと根を切ります

バジルの根を抜く

バジルの根っこは先のとがったスコップでざくざくと切っていきます。無理に引き抜くと根ごと土を持っていかれるので慎重に

根を抜いたら土はそのまま ミミズコンポストのみ投入

雨がよく降る10月、ミニトマトの寄せ植え菜園も秋バージョンに衣替え。ミニトマトにはまだ実がついているので残し、寒くなると枯れてくるバジルを終わらせて、種から育てた「カーボロネロ」（黒キャベツ）の苗を植えます。

バジルの根を抜いたら、根についた土と、先端の細かい根はそのまま土に戻すのがポイント。土の中の環境をなるべく壊さないようにしつつ、ミミズコンポストを追加して、新苗を植えつけます。

【カーボロネロの植えつけ手順】

①
ミミズ
コンポスト投入

植えつける場所2カ所に、ミミズコンポストをそれぞれ一握りほど入れます

②
苗をポットから
取り出す

育苗ポットからカーボロネロの苗を取り出します。2株を1株ずつに分けて

③
苗ポットの
土ごと移植

苗のまわりについている土ごとプランターへ。ポットの土は寄せ植え菜園と同じ土です

④
土を平らに
ならして定植

ミミズコンポストを入れた穴に苗を植えつけ、表面の土を手で平らにならします

土の中の微生物を元に戻す

バジルの根を抜いてから、根のまわりの土や、先端の白っぽい根っこは土の中に戻します。根のまわりの微生物も一緒に土へ返し、土壌環境を維持

Point 細かい根は土に戻します

元気な根っこ

カーボロネロの
植えつけ完了!

After

秋バージョンの新たなスタート!

黒葉が菜園のアクセントにもなるカーボロネロ2株。隣り合うハーブ類との相性もあるので、成長のいいものを残して、もう片方は早めに収穫する予定。大きくなったら下葉から切り取り、春まで途切れずに収穫できます

実践編 Ver.2

小さなプランターで初夏から秋まで育てる
ナスの寄せ植え

ミニトマトと同じく家庭菜園の人気者がナス。みずみずしい夏ナスから、うま味が増す秋ナスまで、コンパニオンプランツである大葉と一緒に育ててみました。寄せ植えのつくり方から、育て方、秋の植え替えまでをレポート。

ナス+大葉

肥料も水もたっぷり必要なナスは、本来なら深さが30cm以上、土が20リットル入るぐらいの鉢が必要ですが、今回はかなり小さめのプランターで小ナスを育ててみました。ナスの病害虫を予防する大葉も一緒に植えつけます

コンテナサイズ例

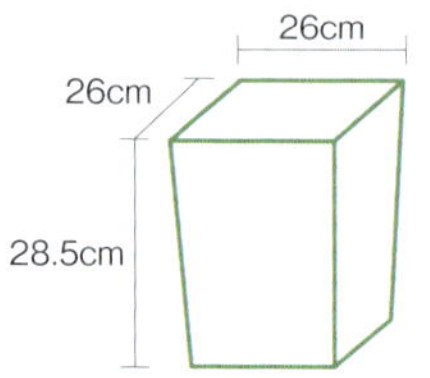

置き場所

育てやすさ ★★☆

Step 1

ナスの寄せ植え菜園づくり

初めて育てる人にもおすすめ!

よく晴れた暖かい日に、寄せ植え菜園スタートです。小さめの鉢で栽培する場合は、小ナスの苗を準備します。ナス料理にもよく合う大葉も一緒に植えましょう。

【用意するもの】

Ⓐ小ナス（もぎ茄子）の苗
Ⓑ大葉（ちりめんじそ）の苗
※その他、12号プランター、基本の土（P35参照）、鉢底石

①土を入れる
鉢の底面が隠れるぐらいの鉢底石を入れ、その上から鉢の6分目まで土を入れます

②ナスの苗をポットから取り出す
種から育てたナスから植えつけ。ポットから根を崩さないように取り出します

根鉢は崩さないように!

③ナス定植
植えつける位置に穴を開け、ナスの苗をそっと植えつけます

④大葉の苗を分ける
購入した大葉の苗は、複数の苗が一緒になっていたので2つに分けて植えます

大葉の苗を2つに分けます

⑤大葉を定植
大葉の苗も根鉢を崩さないように、そっと植えつけます

できあがり!

⑥完成
鉢底から流れるくらい水をたっぷりあげて、日当たりのいい場所に置きましょう

Step2

定植後の菜園を収穫までレポート!

ナス寄せ植え菜園の育て方&収穫

５月に定植したナス寄せ植え菜園のその後を、日付を追ってレポートします。「肥料喰い」のナスが小さなプランターで、はたして無事に育つのでしょうか。

下の方は
脇芽カット!

一番花のすぐ下の脇芽は残す

ナスは３本仕立てにするのが一般的ですが、今回は２本仕立てに。一番花のすぐ下の脇芽は残して、下の方の脇芽は早めに摘み取ります。栄養の詰まった双葉は間違って切らないように

Point
涙をのんで
一番花カット

一番花を摘み取る

せっかく咲いた一番花ですが、この細い枝のまま実をつけると、次の実がつかなくなってしまうので残念だけどカットします

小ナス
一番花が咲きました

5月28日

一番花をチェック!

ナスの花は肥料が足りないと、中央の緑色のめしべが引っ込んでしまって受粉ができません。そんなときはすぐに追肥をしましょう

6月24日

支柱を立てます

倒れないよう支柱で支える

草丈が伸びてきたら支柱を立てます。支柱を２本クロスして支えるとより丈夫

8月の日照不足でピンチ! 切り戻して再び元気に

ミニトマトと同時にスタートしたナスの寄せ植え菜園。小ナスを選んだことも幸いし、7月には無事、初収穫。葉がやわらかい「ちりめんじそ」も、そうめんの薬味として夏じゅう重宝しました。ところが8月の日照不足で小ナスが実をつけず、一時はあきらめようと思いましたが、切り戻しをしたら元気になり、秋ナスまで楽しむことができました。

ミミズコンポストを
ちょい足し

もしかしてハダニ？

8月23日

ピンチ！
長雨のせいでナスが…

日照不足のせいかナスが実をつけず、おまけにハダニにやられたような痕が…。すぐさま元気のない葉を剪定し、追肥としてミミズコンポストを投入しました。ついでに鉢の外周部の土をスコップでザクザク刺し、根っこを刺激します（株元は避けてくださいね）

大葉収穫！

ナス初なり！

草丈40cmぐらいで
頂点をカット！

大葉は摘芯して
脇芽を増やす

大葉の収穫は葉が10枚ぐらいに増えた頃から始まっていますが、草丈が40cmぐらいになったら頂点をカット。脇芽が増えて収穫がアップします

7月22日

小さな小さなナスを初収穫

大きくなるか心配していたナスも、ついに初収穫。小ナスですが、収穫初期は株が弱らないよう、小さいうちに収穫したほうが生育はスムーズです

ナス&大葉の収穫！

Step3

夏の大葉が終わったら秋野菜!

ナス寄せ植え菜園の植え替え

無事に秋ナスが実ってくれた頃、「こき穂」まで楽しんだ大葉を終了させて秋野菜にチェンジ。
苦味がなく生でもおいしいカーリーケール「カリーノケール・ミスタ」を植えます。

大葉終了

大葉は最後の収穫

葉じそ、穂じそ、花が咲いた後のこき穂も浅漬けに入れ、初夏から秋まで存分に楽しんだ大葉も今日でお別れです

Before

10月21日

秋ナス収穫間近!

例年なら晴天が多い10月なのに、今年は肌寒い雨の日が続いていました。そんな中、秋ナスが２つ実をつけてくれました。８月の剪定と追肥が功を奏したようです

根をザクザク切る!

根を引き抜く前に根切り

いきなり根を引き抜くとナスまで倒れてしまうので、大葉の根のまわりをスコップでザクザクと突き刺します

秋ナスはそのまま カーリーケールの植えつけ

いつもなら収穫真っ盛りのナスを切り戻すことができず、秋ナスはあきらめていました。でも今年は弱っていたナスを8月に剪定したので、10月に秋ナスが！　あきらめなくてよかったです。

ナスはそのままで、大葉を終了させて、苦味や青臭さがなく生でもおいしいカーリーケールを植えます。ミニトマト菜園同様、土はそのままで、ミミズコンポストだけ追肥して植えつけます。

【カーリーケールの植えつけ手順】

①

苗をポットから取り出す

育苗ポットからカーリーケールの苗を取り出します。2株を1株ずつに分けます

②

ミミズコンポスト投入

植えつける場所2カ所に、ミミズコンポストをそれぞれ一握りほど入れます

③

苗のまわりの土ごと移植

苗のまわりについている土ごとプランターに植えつけ、表面の土を平らにならします

白い根の先端を土に戻す

先端の白い根は、まだ十分に栄養分を吸収する生きている根っこ。夏じゅうお疲れさまでした。根についている土をよく払い落とし、やわらかい根はプランターの土に戻します

Point
生きている白い根っこは
土に戻して

After

カーリーケール
植えつけ完了！

寒くなる頃に収穫予定

ナス寄せ植え菜園の大葉に代わり、カーリーケールを2株植えました。順調にいけば2カ月後には大きくなった葉から順番に切り取って、収穫が春まで続く予定。楽しみです

寄せ植え菜園コレクション

collection

野菜＋花、野菜＋野菜、ひとつのコンテナに多様性が生まれ、
収穫の喜びもガーデニングの楽しさも２倍、３倍アップ！

1

ゴーヤだけじゃない！ 緑のカーテンの主役4種

涼しげなグリーンカーテンは光を遮るだけでなく、葉から蒸散される天然ミスト効果で暑い夏でも快適です。代表的なのはゴーヤですが、カーテンになる野菜はほかにもあります。つる性のキュウリ、早春から夏を彩るエンドウ、ササゲのようなマメ科のほか、おなじみのミニトマトやミニピーマンも、仕立て次第でカーテンにすることができるのです。今年の夏こそ、始めてみませんか？

ミニトマト+キュウリ+ニラ+ペチュニア

エンドウの収穫後、我が家の「ミミズコンポスト」の土、市販の有機質肥料を少し加えただけで、そのまま夏野菜を定植。土の中の環境をできるだけ残すことで、マメ科の根に共生する根圏微生物が夏野菜の成長を助けてくれます。ミニトマトやキュウリは横へ伸びるように誘引すると、カーテンに仕立てることができます

コンテナサイズ例

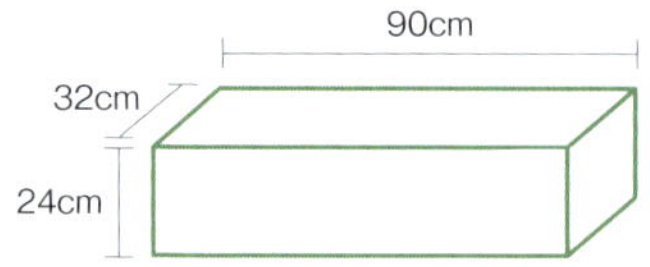

置き場所	☀☀☀
育てやすさ	★★★

春

〈バリエーション〉

サヤエンドウ+実エンドウ+ビオラ

コンテナの土を替えずに春のグリーンカーテンを継続中。赤花のサヤエンドウ、実エンドウの「うすいえんどう」、下草にはビオラやイベリスなどが咲いています

スナップエンドウ+実エンドウ+ビオラ

ササゲとインゲンの収穫後、11月に種をまいたスナップエンドウと実エンドウ。冬を越し、春にグリーンカーテンとなり、次々と実をつけて楽しませてくれます

夏

〈バリエーション〉

ササゲ+インゲン+ペチュニア

ササゲとつるありインゲン。ササゲは暑さに強く、さやが60cmにも。三河伝統野菜の「十六ささげ」は豆が16粒でき、さやごと食べたり、豆として収穫する楽しみも

ミニトマト+ミニピーマン+ブロッコリー

ミニトマトとミニピーマンの混植でグリーンカーテンに。ベル型ミニピーマンも色づき、そろそろ収穫を終える頃すでにブロッコリーを定植して秋冬野菜へとシフト中

春

サヤエンドウ+実エンドウ+ビオラ

11月に種をまくと、2枚一対の葉が繁り、意外と強い春の日差しをやわらかく受け止めてくれるエンドウ。「蝶形花」と呼ばれるマメ科特有の花も愛らしく、次々と収穫できるのも魅力です。サヤエンドウは開花から2週間後に収穫が始まるので栽培しやすく、初心者におすすめです。株元には寒さに強いビオラやスイートアリッサムなどを植えて地温を保ち、土の乾燥を防ぎましょう

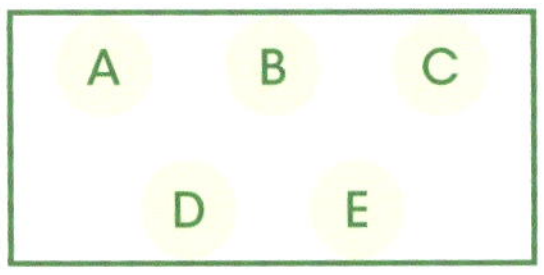

A：サヤエンドウ　D：ニラ
B：実エンドウ　E：ビオラ
C：ソラマメ

【 種まき・植えつけのポイント 】

グリーンカーテンにするなら種は「つるあり」種を選びます。1カ所に3～4粒ずつ種をまき、草丈が約10cmになったら、ずんぐりむっくりの株を2本残して間引きします。密に植えたほうが防寒対策になります。発芽前後はマメ好きの野鳥に注意。ビオラやスイートアリッサムなど耐寒性があり、カーペット状に広がる花をマルチングに。

【 育て方のポイント 】

冬は成長がゆるやかなのでほとんど手がかかりません。逆に、成長しすぎると冬越しできないので、肥料のやりすぎは禁物。春に草丈が伸びたら「支柱」を。ネットを張るのが基本ですが、我が家ではコンテナの背面に穴を開けて抗菌作用もある銅線を結びつけ、ベランダの天井へと誘引します。銅線にはあらかじめリングをつくっておくと誘引しやすくなります。

まだある！春のグリーンカーテン

スナップエンドウ

さやも実もいっぺんに食べられるジューシーで甘いエンドウ。開花後20～25日後、肉厚のさやがぷっくり太った頃が食べ頃

実エンドウ「ツタンカーメンのエンドウ」

古代エジプトのツタンカーメン王の墓から出土した豆の子孫といわれています。紫色のさやがぷっくり太って、うっすらモワレのような模様が出てくると食べ頃のサイン。紫のさやをお米の上にのせて炊くと桜色のご飯に

夏

ミニトマト+キュウリ+ニラ+ペチュニア

エンドウの収穫後、支柱やネットをそのまま使えて便利なのがゴーヤやキュウリなどつる性のウリ科野菜。マメ科野菜の根粒菌のおかげで豊かになった土は替えずにそのまま使えます。トマト、キュウリ、ナスなど夏野菜を植えるときは、コンパニオンプランツであるニラも一緒に植えます。ニラの根から出る成分が病気から守ってくれるのです

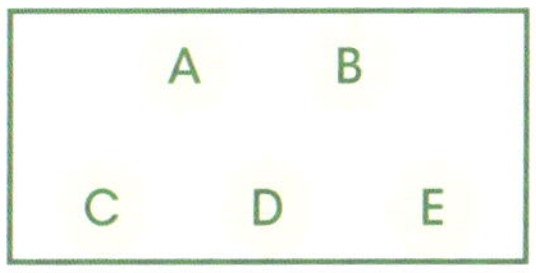

A：キュウリ
B：ミニトマト
C：ペチュニア
D：ニラ
E：クフェア

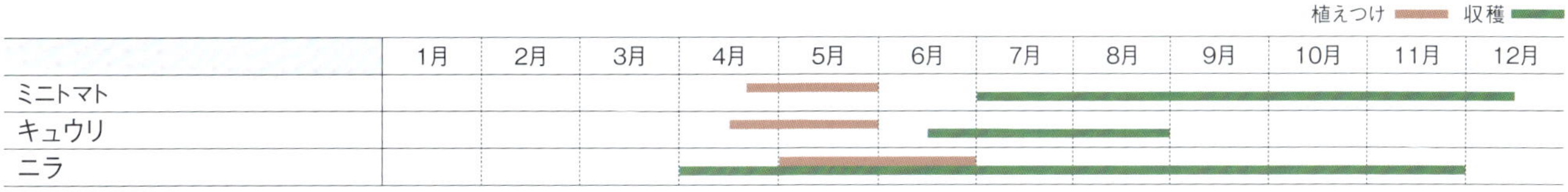

【 種まき・植えつけのポイント 】

ミニトマトやキュウリの種まきは、初心者には難しいので苗の購入を。植えつけは暖かい5月がおすすめ。ネギ、ニラ、ニンニクはアリシンという抗菌力をもち、根には拮抗菌という植物の病気を抑える効果のある菌も共生しています。とくにニラは暑さにも強いので、一緒に植えるといいでしょう。根をからませるように植えつけるとさらに効果的。

【 育て方のポイント 】

キュウリは「聖護院きゅうり」と「ミドルQ」を栽培。節ごとに実のなる「ミドルQ」は育てやすいのでおすすめ。収穫初期は朝のうち、小さめサイズで収穫するとうまく育ちます。巻きひげに元気がなくなったら、「なり疲れ」の合図。早朝か夕方に水で薄めた液体肥料を葉の両面に散布すると効果的です。多年草のニラは植えっぱなしにでき、根を残して収穫を。

まだある！夏のグリーンカーテン

つるありインゲン

初心者でも栽培しやすく、3枚一組の涼しげな葉がかわいい。さやが少しふくらみ、長さ10cmぐらいになったら収穫

ササゲ

アフリカ原産で暑さや乾燥にとても強い。7月半ば～10月ぐらいまでグリーンカーテンと収穫が楽しめます

2

丈夫なタイムと旬野菜

2〜3年植え替えなくても見映えする

ナス+クリーピングタイム
水切れNGのナスを乾燥しやすいバスケットで育てるのは無理かと。ところがタイムにガードされて無事収穫できました

フォーカルポイントにもなるかわいいミニバスケットに、クリーピングタイムと旬の野菜を組み合わせています。タイムは花も愛らしくて香りもよく、料理やハーブティーにはもちろん、殺菌効果が高いので煮出し液でうがいをしたり、使い勝手も抜群。我が家のタイムは剪定と株分けを繰り返しながら、10年近くたった今も元気。バスケットの中心に季節野菜を代わる代わる植え、目にもおいしい寄せ植えを楽しんでいます。

コンテナサイズ例

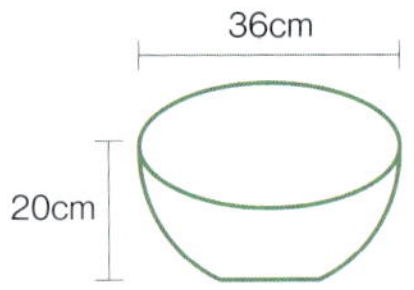

置き場所	☀☀☀
育てやすさ	★★★

シシトウ+クリーピングタイム

暑さに強いシシトウと乾燥を好むタイムはバランスのいいコンビ。水やりは中央に集中して与え、余分な水がタイムに染み渡ります

トウガラシ+クリーピングタイム

シシトウ同様、暑さに強くほとんど手間いらずのコンビ。真っ赤な実がアクセントとなり、見た目もかわいい

イチゴ+クリーピングタイム

コロンとかわいらしいピンクの花が春を連れてくるタイム。花の甘い香りで昆虫を誘い、このときはまだ咲いていませんが、イチゴの花の受粉を助けてくれます

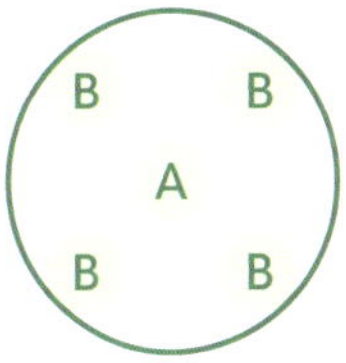

A：イチゴ
ナス
シシトウ
トウガラシ

B：タイム

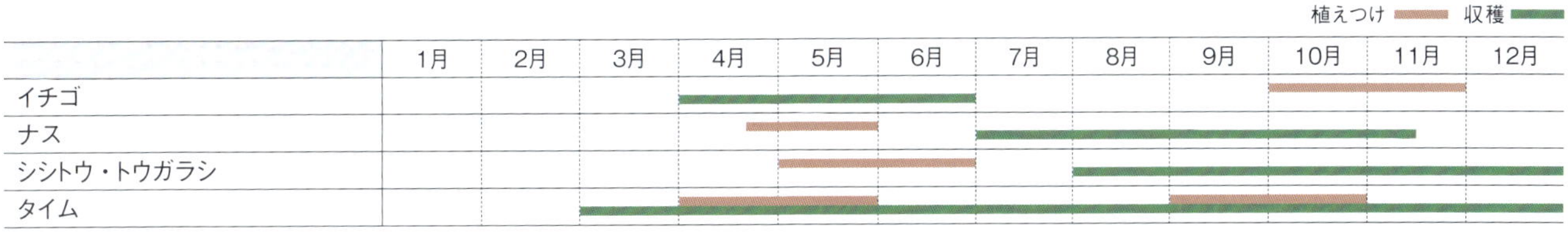

【 植えつけのポイント 】

ハンギングバスケットを使うときは、土選びも大切。土が乾燥しやすいので、水持ちがよく、通気性のいい土を選ぶこと。ココヤシピートの土など、できるだけ軽い土がおすすめです。元肥も忘れずに加えます。タイムは木立性とほふく性(クリーピング)がありますが、野菜との寄せ植えにするならほふく性がおすすめ。春か秋に苗を購入して植えつけます。野菜の苗を入れ替える場合、タイムはそのままにして、植えつける場所だけに元肥を入れ、よくかきまぜてから苗を植えます。

【 育て方のポイント 】

タイムは梅雨前に密集している部分をカットします。とくにバスケットと接している内側の部分は、大胆にカットします。またタイムがマルチングとなり、病害虫が発生しやすい梅雨時の泥はねや夏の乾燥、冬の寒さから野菜の苗を守ってくれます。イチゴ、ナス、シシトウ、トウガラシにつきやすいハダニも、シソ科ハーブのタイムには忌避効果があります。夏野菜に花や実がついているときは、液体肥料をあげます。

3

花も味わえる ふだん使いのハーブミックス3種

つり下げても床に置いても絵になるワイヤーバスケットを使い、料理のときにちょっとあると便利な数種類のハーブを入れ込みました。よく使う好きなハーブをベースに、スペースが空くと気まぐれに季節の野菜や花を植えてみたり。ハーブは野菜との相性もよく、土の質を向上させたり、香りで虫を遠ざけてくれるなどコンパニオンプランツとしても大活躍。ひとつあるだけで毎日が楽しくなる便利なハーブの寄せ植えです。

コンテナサイズ例

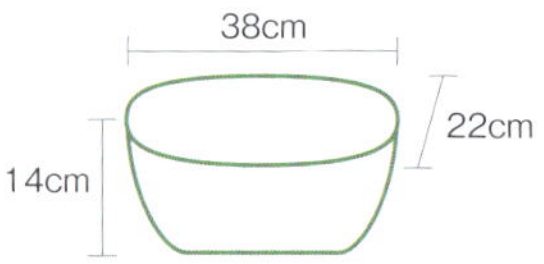

置き場所	
育てやすさ	★★★

カリフラワー+イタリアンパセリ+カモミール

花蕾を食べるカリフラワーはブロッコリーと違い、たった一度しか収穫できないけれどホクホクのおいしさは格別。カモミールは春までお休みですが、イタリアンパセリは真冬でも収穫

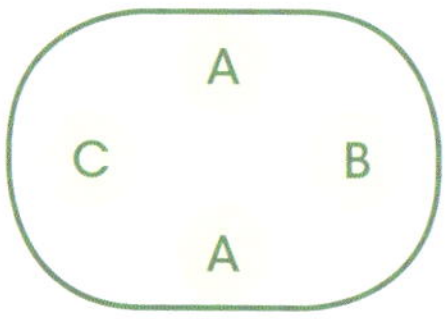

A：カモミール
B：カリフラワー
C：イタリアンパセリ

冬

夏

ラディッキオ+ナスタチウム+イタリアンパセリ

ハーブのバスケットに、イタリアではおなじみのほろ苦いラディッキオ(トレビス)をプラス。キク科なので虫の害は少ないのですが、夏から秋まで咲き、葉も花も食べられるハーブのナスタチウムが病気から守ります

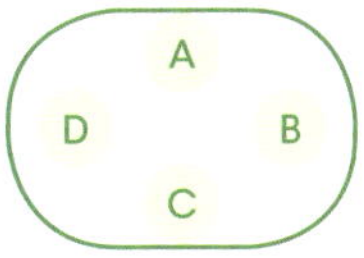

A：イタリアンパセリ
B：ラディッキオ
C：ルッコラ
D：ナスタチウム

冬~春

カモミール+イタリアンパセリ+オレガノ+ボリジ

花がかわいいカモミールとボリジ、料理によく使うパセリ、オレガノ。ちょっとあると便利なハーブをひとまとめに

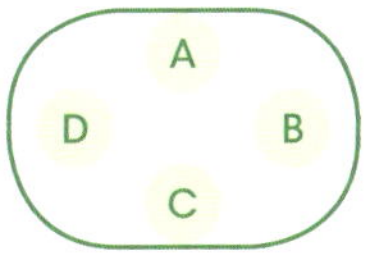

A：カモミール
B：イタリアンパセリ
C：オレガノ
D：ボリジ

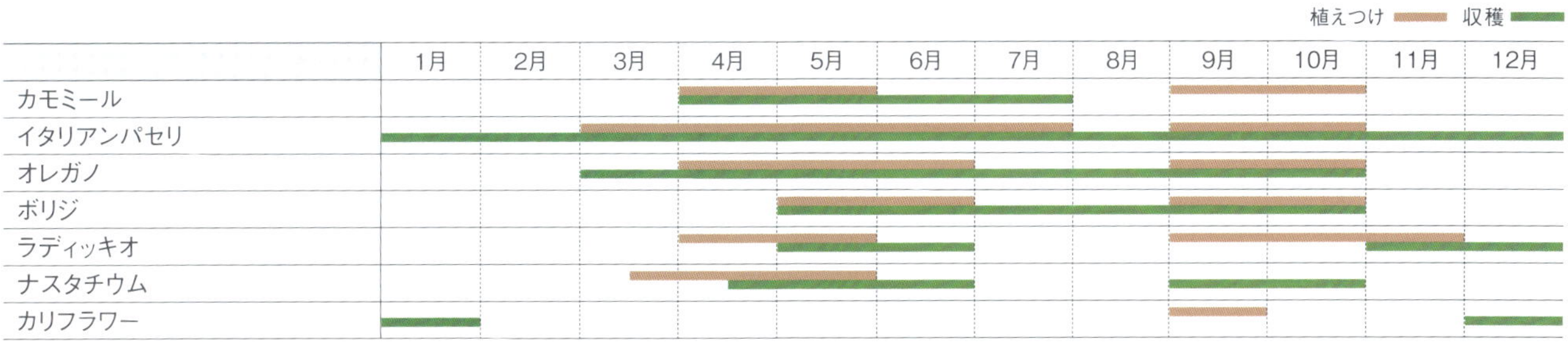

【 種まき・植えつけのポイント 】

ハーブ類は種も苗も豊富に出回っていますが、初めて育てるなら苗からがおすすめ。好みのハーブを選びましょう。ただし、ミント類は繁殖力旺盛なので寄せ植えには不向きです。ハーブが育っている中に後から野菜の苗を植えるときは、植えつける部分に元肥を入れ、土とよくかきまぜます。カリフラワーは寒くなる前に植えつけないと、食べる部分の花蕾が大きくなりません。私は9月下旬をタイムリミットにしています。

【 育て方のポイント 】

ハーブは乾燥気味に育てるとはいえ、水をあげるときはたっぷりと。梅雨時や熱帯夜が続くときは葉の混み合ったところを解消するためにも、こまめにカットしておいしくいただきましょう。ラディッキオは暑さ寒さに強く、虫の心配もないので春植えでも大丈夫。収穫は外葉から株元で摘み取ります。白いカリフラワーは少し大きくなってきたら、まわりの葉で包み遮光して育てます。

お鍋に入れたい野菜をミックス!

4 冬野菜とベビーリーフミックス

葉もの野菜のベビーリーフミックス

穴の空いたホーロー鍋に、お鍋にしたくなるような葉もの野菜のミックス種をまいたら、オシャレでおいしそうなひと鉢になりました。春と秋に種まきができるアブラナ科の葉ものは、病害虫の心配がない秋こそおすすめ。冬に向かって糖を蓄え、味わいも凝縮します

ミックス種を培養土の上に、パラパラと直まき

種まき ━ 収穫 ━

	1月	2月	3月	4月	5月	6月	7月	8月	9月	10月	11月	12月
ミズナ、コマツナ、セリフォン、ベカナ、シュンギク、ターサイ(ミックス種)	収穫	収穫							種まき	種まき・収穫	収穫	収穫

コンテナサイズ例

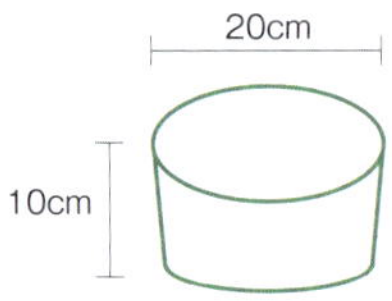

置き場所	●●○
育てやすさ	★★★

【 市販のミックス種か自分でブレンドしてもOK 】

「サラダミックス」「ベビーリーフミックス」など、多品種の葉野菜の種がブレンドされたものを使っていますが、種を自分でブレンドしてまいても楽しいです。種は培養土の上に、パラパラと直まきにします。収穫は株ごと抜かず、ハサミで葉を切り取るようにし、間引き菜はサラダに、大きめのものは鍋に入れたりして味わいます。

フレッシュなサラダが毎朝いただける

5 早春レタスミックス

リーフレタスのガーデンベビー+ビオラ

肌寒い3月でもベランダには小さな春が来ています。数種類のリーフレタスのまわりに、春の訪れを告げるビオラ。プラスチックテープ製のランドリーバッグもベランダを明るく彩ります。摘みたてのふんわりやわらかな葉をひとつまみ盛りつけるだけで豊かなひと皿に

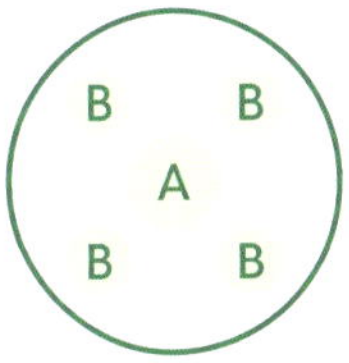

A：リーフレタス
B：ビオラ

植えつけ 収穫

	1月	2月	3月	4月	5月	6月	7月	8月	9月	10月	11月	12月
リーフレタス												

コンテナサイズ例

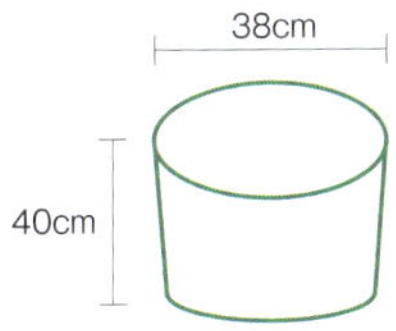

置き場所

育てやすさ ★★★

【 発泡スチロールを鉢底石の代わりに 】

根が短いレタスを植えるにはバッグが深すぎるので、水切りネットに発泡スチロールを詰めて鉢底石にしています。レタスの苗をバッグの中央に植えつけ、そのまわりにビオラを植えます。レタスはキク科なので、春に植えても病害虫の心配はほとんどありません。レタスは株ごと引き抜かず、外葉から少しずつ収穫します。レタスの後は秋にキャベツを植えました。

花と合わせてビタミンカラーに

6 一年中収穫できるスイスチャードコンテナ

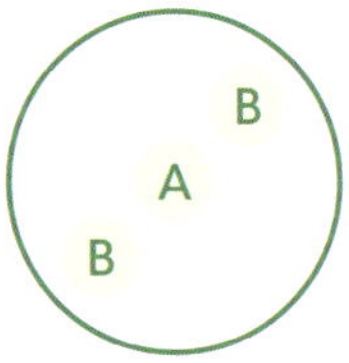

A：スイスチャード
B：ビオラ

スイスチャード+ビオラ

スーパーでは手に入りにくい野菜を育てるのもベランダ菜園の愉しみです。赤や黄色の茎がユニークなスイスチャードは、花の色合わせも楽しい寄せ植え菜園の人気者。ベランダならほぼ一年中収穫できるのも魅力です。ホウレンソウの仲間でアクがあるため、さっと炒めるとおいしくいただけます

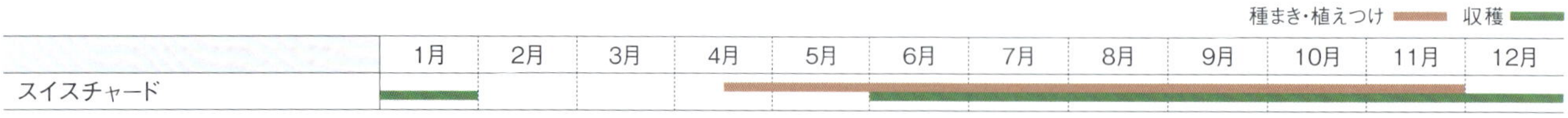

コンテナサイズ例

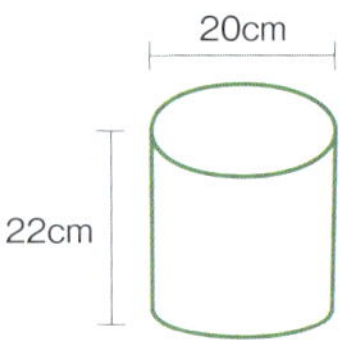

置き場所 ●●○
育てやすさ ★★★

【 真夏と真冬をのぞけばいつでもスタート 】

春と秋に種まきができますが、真夏と真冬以外はいつでも種まきができます。種の皮が厚いので、一晩水につけてから。最近では苗も出回っているので苗から気軽に始めて、花との寄せ植えを楽しんでください。病害虫の心配もほとんどありません。収穫は20～30cmぐらいになったら外葉から摘み取ります。遅れると繊維が硬くなるので注意。

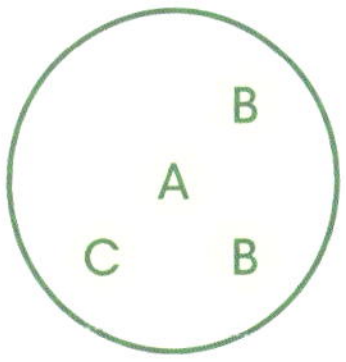

A：スープセロリ
B：タイム
C：チャイブ

**スープセロリ+タイム
+チャイブ**

野菜やパスタの水切りに使うコランダーに、少しあるだけで料理の腕も食欲もグンとアップする香味野菜を寄せ植え。コランダーは持ち手にヒモをかければハンギングバスケットになり、そのまま食卓に運んでも絵になります。セロリの原種とされるスープセロリは暑さ寒さに強く、カレー風味のスパイシーな香りが特徴。葉や茎はもちろん、種も料理の香りづけに使えます

ちょっと使うだけなら買わずにOK

7 あるとうれしい香味野菜

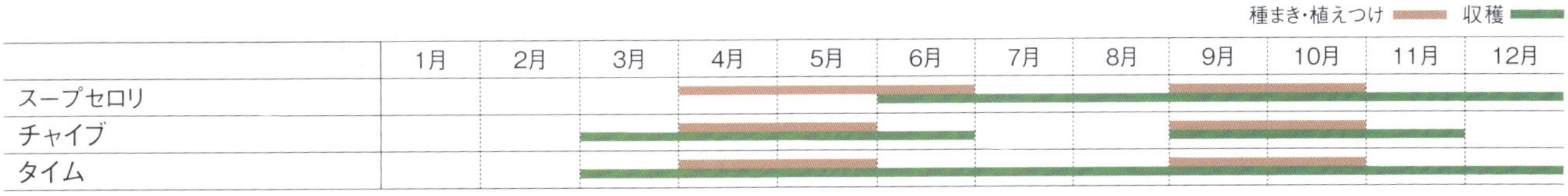

コンテナサイズ例

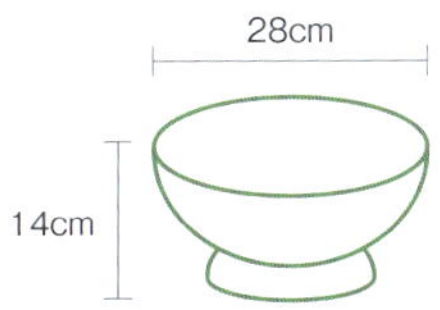

置き場所
育てやすさ ★★★

【 コランダーの内側にエアパッキンを 】

コランダーなど穴が大きく不規則にある容器を使う場合は、土の流出を防ぐために容器の内側にエアパッキンを敷き詰めます。ツルツルした部分を内側に敷き、水はけ用の穴を数カ所開けましょう。エアパッキンは断熱材にもなり、冬の寒さから植物の根を守ってくれます。スープセロリやチャイブは半日陰でもよく育ちます。

6月中旬に掘り起こした「キタアカリ」。
たった1個からこんなに収穫！

A：ジャガイモ
B：葉ネギ

ジャガイモ+葉ネギ

水気に強い竹の収穫カゴに不織布の袋を入れてコンテナに。ハクサイを収穫後、その土のままジャガイモの「キタアカリ」を植えつけました。ジャガイモは栽培が遅れると収穫量も減るので注意を。葉ネギはハクサイと同じく秋に苗を植え、切り取りながら収穫。ネギの抗菌作用がジャガイモを病気から守ってくれます

竹カゴと不織布を使って

8 春一番の「キタアカリ」

コンテナサイズ例

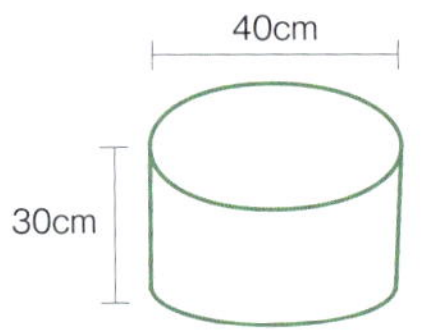

置き場所 ☀☀☀
育てやすさ ★★☆

【 栽培適期を守り、増し土と光合成を 】

病気の心配がない種イモの購入がおすすめ。室内で芽出しして、深さ8cmのところに丸ごと定植。発芽したら2本ぐらい残して芽かきをすることが重要。種イモの上に伸びる茎に子イモができるので、数回増し土を。竹カゴの内側に不織布を敷き、口元を外に折り返しておくと増し土のたびに広げられます。イモ類は光合成で養分を蓄えるので、太陽は十分に。

病気から守ってくれるキッチンガーデンの守護神

9 ニラが主役のグリーンコンテナ

ニラ+カタバミ

多年草なので長く収穫も楽しめて、トマトやナス、ピーマンなど夏野菜のコンパニオンプランツとしても大活躍してくれる「ニラ」。株分けで増やし、他のコンテナに隙間ができると、ちょこんと植えて土をよくしたり、病気から守ってもらうようにしています。そんな便利なニラですが、土の乾燥には弱いので自然に生えたカタバミを利用。見た目にもかわいらしくなりました

A：ニラ
B：カタバミ

植えつけ ━ 収穫 ━

	1月	2月	3月	4月	5月	6月	7月	8月	9月	10月	11月	12月
ニラ				収穫	収穫	植えつけ・収穫	植えつけ・収穫	収穫	収穫	収穫	収穫	

コンテナサイズ例

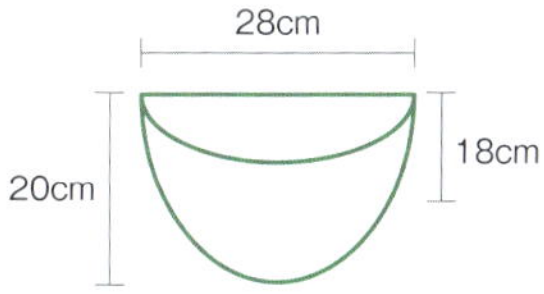

置き場所 ☀☀☀（2/3）
育てやすさ ★★★

【 ニラは植えつけ時に根の先端をカット 】

ニラの苗を植えつけるときは根の先端を少しカットし、根を刺激して成長を促します。1株4～5本ずつにして植えつけます。2カ月後、ニラが伸びてきたら3分の2ぐらいカットして収穫を。冬は休眠期に入るので春から本格的な収穫がスタート。根元を2cmぐらい残して収穫します。

夏に育てて冬においしくなる

10 冬至にベランダ産ミニカボチャ

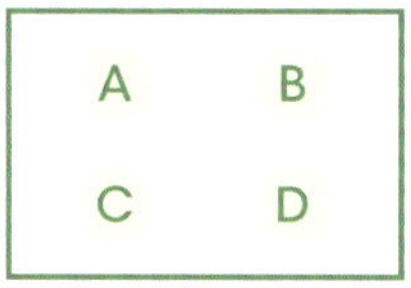

A：カボチャ
B：バジル
C：芽キャベツ
D：サニーレタス

ミニカボチャ+バジル+サニーレタス+芽キャベツ

カボチャは収穫後すぐよりも、1カ月ぐらい保存するとおいしくなります。冬至に食べ頃になるように、5月下旬に種まきをしました。ミニカボチャとはいえ畳1枚分のスペースがないと実がつかないので、あんどん仕立てかフェンスに這わせるのがおすすめ。一緒に植えてよく育ったバジルはそろそろ秋野菜と交代。手前には芽キャベツとサニーレタスを追加しました

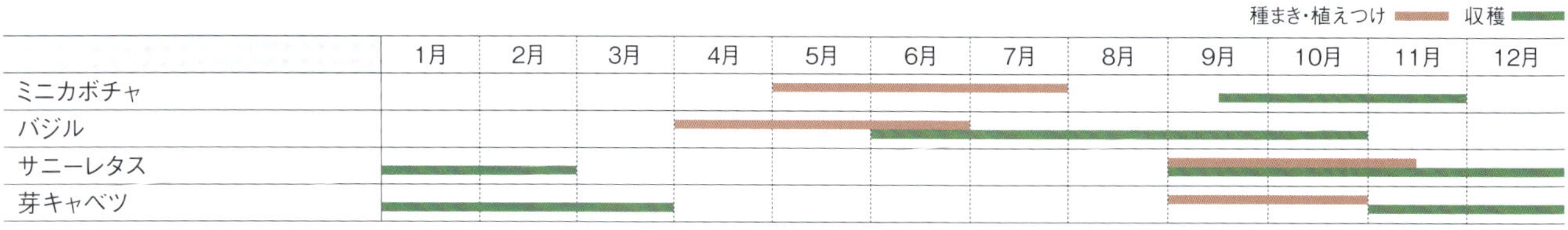

コンテナサイズ例

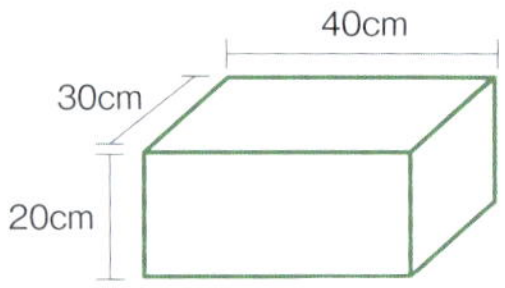

【 カボチャは人工授粉を 】

実をつけるカボチャと、葉を茂らせるバジルはバランスのいい組み合わせ。カボチャは1株だけではなかなか実がつかないので、できれば2株以上植えて受粉のチャンスを増やし、人工授粉をします。花の下がぷっくりふくらんだ、赤ちゃんカボチャがついている雌花を探し、その中心の柱頭に雄しべの花粉をこすりつけるようにします。

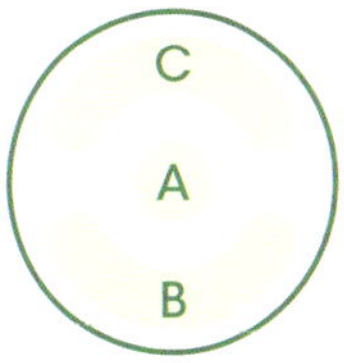

A：ピーマン
B：カリブラコア
C：ユーフォルビア

**ピーマン+カリブラコア+
ユーフォルビア
「ダイアモンド・フロスト」**

園芸用のフェルトのバッグをコンテナにして、ピーマンを取り巻くように小さな花々を寄せ植え。ペチュニアを小さくしたようなナス科のカリブラコアは、同じナス科で南米原産のピーマンと相性ピッタリ。昆虫を誘ってピーマンの受粉を助けてくれます。線香花火のような花と苞が愛らしいユーフォルビアの「ダイアモンド・フロスト」もメキシコ南部原産で、同じ環境下で育つ組み合わせです

可憐な小花がピーマンの受粉をお助け

11 ピーマンを乾燥から守る花々と

植えつけ ▬ 収穫 ▬

	1月	2月	3月	4月	5月	6月	7月	8月	9月	10月	11月	12月
ピーマン					植えつけ			収穫	収穫	収穫	収穫	

コンテナサイズ例

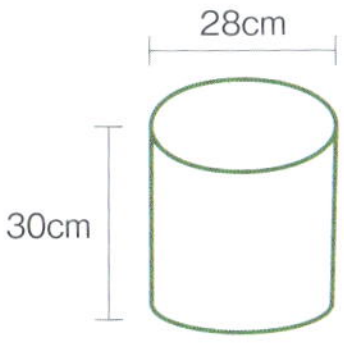

置き場所	☀☀☀
育てやすさ	★★★

【 不織布バッグで日当たりのいい場所へ 】

フェルトのバッグは持ち手もついていて移動が楽。日当たりのいい場所へいつでも移動できます。植えつけは5月頃、3つ一緒に行います。ほふく性のカリブラコアは手前に流れるように、ピーマンは中央に植えつけます。実のつき始めは実が小さいうちに収穫しましょう。

好きなときに好きなだけ収穫したいから

12 出番の多いセリ科の香草

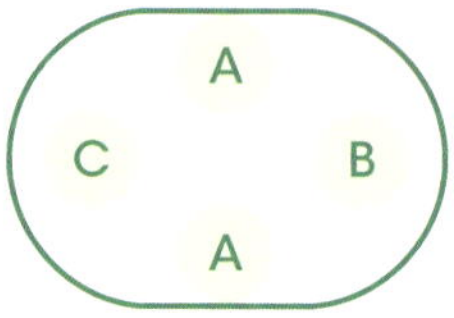

A：ミツバ
B：コリアンダー
C：パセリ

ミツバ+コリアンダー（香菜）+パセリ

料理にほんの少し使いたいけど、いざ買うと結構高いし、残ってしまう…。そんな野菜こそベランダで栽培して、好きなときに好きなだけ使えると本当に便利です。ミツバ、コリアンダー、パセリはともにセリ科。丈夫で育てやすく、木漏れ日程度の日当たりでも育ちます。ミツバ、パセリはほぼ一年中収穫できるのも魅力。採れたての風味、香りのよさは格別です

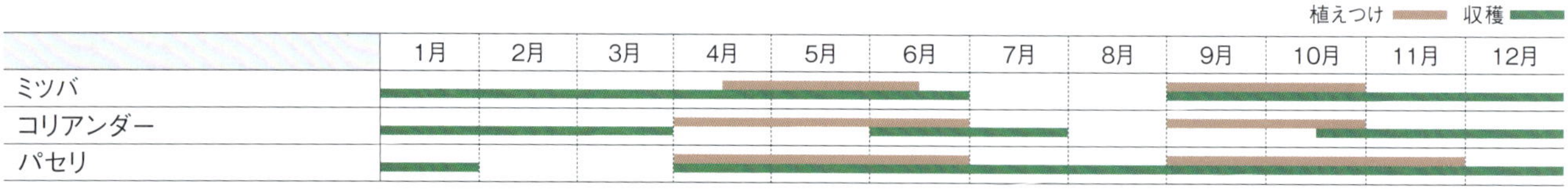

コンテナサイズ例

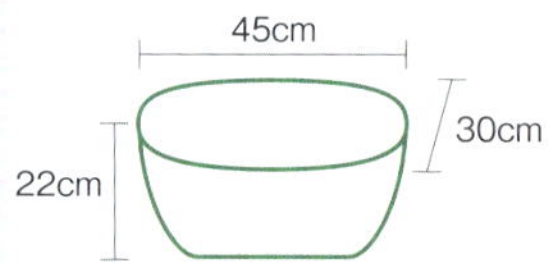

置き場所

育てやすさ ★★★

【 種も根もおいしいコリアンダー 】

春と秋に植えつけができます。コリアンダーは植え替えに弱いので、種をまくか育ちすぎていない苗を選び、根鉢を崩さないようにさっと植えつけましょう。草丈が伸びてきたら使う分だけ外葉から収穫し、花芽はトウ立ちする前に摘み取りましょう。コリアンダーは種も根もスパイスとして利用できます。

葉形のコントラストも見応えあり

13 秋の葉野菜

ミニチンゲンサイ+ミツバ

涼しくなってきた秋は、いよいよ葉野菜の出番。病害虫の心配もほとんどなく、成長もゆっくりで、のんびりと野菜づくりが楽しめます。草丈10cmほどのミニチンゲンサイは間引き菜を空き缶に植え替えても育つほど丈夫。木製の収納ボックスにミツバと一緒に植え込みました。半日陰でも育つミツバはミニチンゲンサイの影になっても大丈夫。そのほうが葉はやわらかくなります

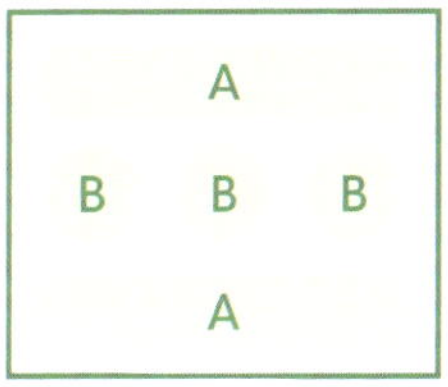

A：ミニチンゲンサイ
B：ミツバ

コンテナサイズ例

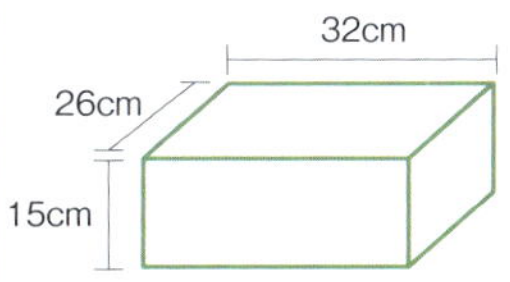

【 ミニチンゲンサイは株間を少し開けて 】

ミニチンゲンサイは株の下のほうがふくらんでくるので、植えつけるときは株間を空けます。その株間の奥に、ミツバを植えつけましょう。ミニチンゲンサイは切らずに丸ごと調理できるのでビタミンも流出せず、ホイルに包んで蒸し焼きにしてもおいしいです。

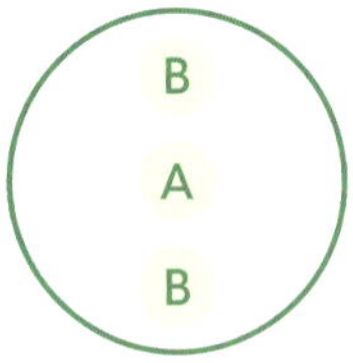

A：紫とうがらし
B：カリブラコア

紫とうがらし&カリブラコア

「大和野菜」(奈良の伝統野菜)の紫とうがらしは、シシトウの仲間。完熟するクリスマス頃にはすっかり赤くなり、緑の葉に映えてさながらクリスマスツリーのよう。これをパスタにどっさり入れると、誰もが赤いトウガラシと間違えて「辛くて食べられない」と驚きます。食べてみると二度ビックリ。甘みがあってとてもおいしいのです。アンティーク調の消火栓を模したプランターに、春から秋まで咲くペチュニアに似たカリブラコアをマルチング代わりにしています

12月に真っ赤になる紫とうがらしのツリー

14 | サプライズ☆クリスマス

植えつけ ━ 収穫 ━

	1月	2月	3月	4月	5月	6月	7月	8月	9月	10月	11月	12月
紫とうがらし					植えつけ	植えつけ		収穫	収穫	収穫	収穫	収穫

コンテナサイズ例

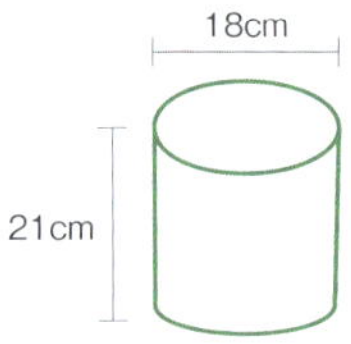

置き場所 ☀☀☀
育てやすさ ★★★

【 他のトウガラシの近くで栽培しない 】

紫とうがらしとカリブラコアは5月頃、一緒に植えつけます。シシトウのように肉厚でやわらかい実は、紫のまま収穫して加熱すると緑色に、赤く熟したものは加熱しても赤いままです。他のトウガラシやシシトウと一緒に育てると交雑して、時々辛いものができます。また、水切れ、肥料切れを起こすと辛くなるので注意。

冬枯れのベランダにみずみずしい緑

15 寒くなるほどおいしい伝統野菜

伝統コマツナ&葉ネギ

徳川吉宗が名付けた東京江戸川区発祥の伝統野菜「後関晩生」。寒くなるほど甘くなり、体がホッとするような優しい香りがします。束ねにくく、日持ちがしないので市場にはあまり出回らない品種。トウ立ちが遅いので秋に種をまけば、春遅くまで収穫できるのも魅力です。同じく冬に甘くなる葉ネギも一緒にコンテナへ。スーパーで購入した葉ネギの根元を4～5cm残して植えつけても、また伸びて収穫できるほど再生力が強いです

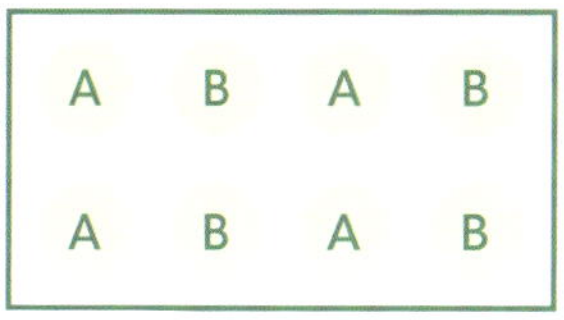

A：伝統コマツナ
B：葉ネギ

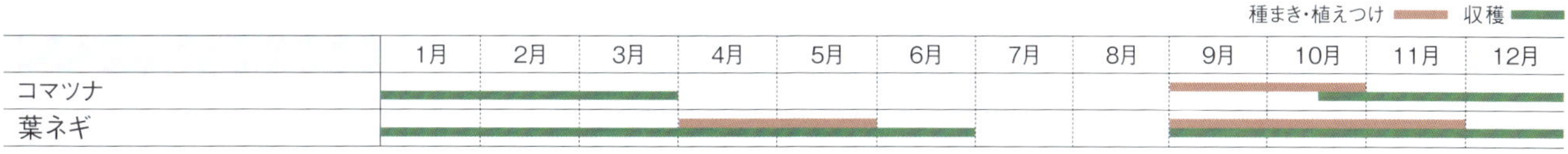

コンテナサイズ例

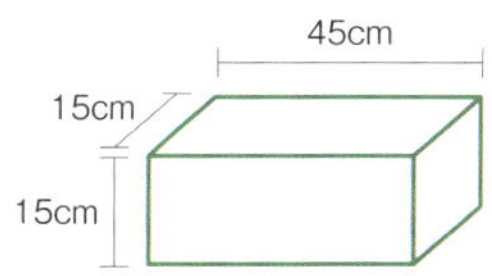

置き場所
育てやすさ

【 コマツナは間引きしながら収穫 】

病害虫が少ない秋にコマツナの種をまきます。葉が混み合わないように間引きをしながら収穫。株間に葉ネギを植えつけます。コマツナの根は長根性で長く伸び、葉ネギの根は浅く横に張るので、近くに植えても邪魔になりません。コマツナは根を残して外葉から摘み取れば収穫が長く楽しめ、葉ネギも根を残して切り取ればまた伸びてくる便利な野菜です。

寄せ植えローテーションをはじめよう

Diary

小さなプランターでの寄せ植えに慣れたら、大きなコンテナでいろんな野菜を育てる「ミニ畑」をつくりましょう。何年にもわたって収穫が楽しめ、狭いベランダを有効に使えます。

土を取り替えずに連作できる 大きめコンテナで「ミニ畑」をつくろう

5年も収穫が続く コンテナ3種類

土がたっぷり入る大きめのコンテナで、メインの野菜を入れ替えながら収穫が一年中続く「ミニ畑」を、5年ほど続けています。

我が家の大きめコンテナは3種類あり、夏はトマト、秋冬はブロッコリーを繰り返し栽培するブリキコンテナ、マメ科野菜を連作する半円形バスケット、半日陰で葉野菜中心のコンテナの３つ。

３つのコンテナは畑と同じくローテーションのように、収穫が終わったら間をあけず、また次の野菜を栽培。季節ごとに野菜は植え替えますが、土はずっと同じ。「基本の土」（P35）を使い、植え替え時にはミミズコンポストを足すだけ（植え替えが多いときは有用微生物入り肥料もプラス）。

我が家の三大「寄せ植えローテーション」コンテナ

「ミニ畑」にしている我が家の大型コンテナ3種類。主な特徴をご紹介します。

寄せ植えローテーション 1 *

家庭菜園の人気者を毎年つくり続ける
「夏のトマト&冬のブロッコリー」コンテナ

土が約70リットル入るブリキ製コンテナに、冬から春は葉野菜、夏はトマト、秋はブロッコリーを繰り返し栽培。一年草だと思っていたブロッコリーが、多年草だと気づいたのもこのコンテナ。コンテナに脚がついているので、しゃがむことなく作業も楽。

寄せ植えローテーション 2 *

おいしいソラマメを6年以上も続けて収穫
「マメ科」バスケット

日当たりのいい場所にある半円形ハンギングバスケットで、土は約45リットル。連作NGのマメ科野菜を6年以上収穫。マメ科の栽培は難しそうに思われますが、マメ科植物の根に共生する根粒菌や菌根菌が土を豊かにしてくれるので、追肥もほとんど必要ありません。

寄せ植えローテーション 3 *

秋から春がメインの葉野菜が中心
「半日陰」コンテナ

不織布バッグを白い藤のプランターカバーで囲い、キャスター付きの板に載せた手作り「移動コンテナ」。土は80リットル入ります。ベランダの床に置くので日当たりが悪く、光が低く差し込む秋から春を中心に栽培。夏は半日陰で育つショウガを栽培。

自然に近い土壌環境なら収穫がずっと続く

ナスやピーマンなど収穫期の長い実もの野菜は様子を見て肥料を与えますが、それ以外はほとんど追肥もしません。

限られた土でも毎年収穫できるのは、様々な種類の寄せ植えやミミズコンポストを通じて土壌環境をよくし、土の中の微生物の働きを活発にしているからだと思います。収穫した野菜の根の先端についている菌根菌などの微生物をこまめに土に戻したり、微生物のすみかになる「もみ殻燻炭」を土に入れるのもそのためです。

大きめコンテナで畑のように季節の野菜を収穫し続けるローテーション栽培を始めてから、自然に近い土壌環境が再現できれば、土を取り替えることなく何年も続けて野菜づくりが楽しめるのだと実感しています。

86ページからは3種類のコンテナに、それぞれどんな野菜を育てていたか、時間を追ってご紹介します。まずは大きめコンテナひとつから、始めてみませんか。

家庭菜園の二大スターを
ひとつのプランターで育てる「ミニ畑」

冬のブロッコリー

足つきのアンティーク洗濯槽を「ミニ畑」にして、
同じ土で繰り返しトマトやブロッコリーを育てています。
その5年におよぶローテーション栽培を初公開。

Start!

ミニ畑はじめました!

[2012年11月]

秋まき野菜とニンニク

お正月に使う大和真菜(奈良の伝統野菜)をはじめ、4種の葉野菜の種をまき、ニンニクを定植

真冬に収穫!

[2013年2月]

収穫!

間引きをしながら、すでに収穫をはじめていますが、寒い冬でも3カ月でこんなにこんもり!

もはやシンボルツリー

[2015年9月]

ブロッコリーの木?

とことんつきあう楽しさを教えてくれたブロッコリー。木のようになりながら肝心な花蕾が後退し、そろそろ限界かも

ハーブの新芽が青々!

[2016年8月]

夏の食卓を彩る

ブロッコリーの下で、ミニトマトが元気に育っています。バジル、シソも夏に大活躍

[2016年12月]

Reスタート

ブロッコリーの栽培終了。5年目になる土は調子良好で葉野菜の種をまき、ミニ畑をReスタート

寄せ植えローテーション①

夏のトマト&

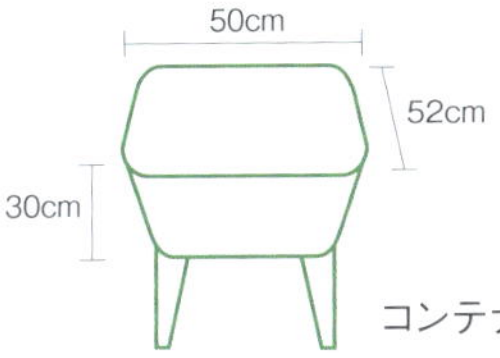

コンテナサイズ例

[2013年7月]

トマトが収穫間近

ニンニクの後に大玉トマト「豊作祈願」を植えつけました。コンパニオンプランツのバジルやナスタチウムも元気です

[2014年2月]

巨大ブロッコリー

トマトの後に定植した「すずなりブロッコリー」がぐんぐん育って巨大に。「大阪たか菜」をはじめ葉野菜も収穫

はじめてのコットン!

[2014年9月]

コットン栽培

トマトの後ろでひっそり育てていた「和綿」。芙蓉のような花が咲き終わると、コットンボールがふくらみはじめます

[2015年3月]

ブロッコリー
3年連続収穫

2月に3度目の花蕾を収穫して花盛りとなったブロッコリー。脇から伸びる花茎はもちろん、花も食べられます

[2015年7月]

ドライトマトから発芽

ドライトマトから発芽した"共育ち"ミニトマトが自然淘汰されながら10本も実をつけはじめています

ビックリ!ドライトマトから芽が出た!

2012年

ここからは「夏のトマト&冬のブロッコリー」の詳しい流れをご紹介します。

10月

ミニ畑の土づくり&種まき

ココヤシの土に、我が家のミミズコンポスト、有機元肥などを加えて土づくり(P35参照)。ミニ畑のイメージで区分けし、真ん中にニンニク1片を植えつけ、右は「赤からし水菜」、左はレタス「レッドファイヤー」、奥は「東京べかな」、前は「大和真菜」の種をまきます

11月

発芽

約3週間後、かわいい新芽が出そろいました。洗濯漕の脚はキャスター付きで簡単に回転させられるので、日光を全体に当てることができます。脚付きや高さのあるコンテナだと、かがまなくていいので腰も楽

1カ月後

12月

収穫!

ミニ畑はどんどん育って、間引きというより収穫に!

元旦の初収穫

採れたての「大和真菜」を我が家の白味噌仕立てのお雑煮に。「大和真菜」は奈良県に昔から伝わるアブラナ科の野菜で、小松菜の親戚です

2013年

1月

間引き菜の移植

プランターいっぱいに育った葉野菜は、別の鉢に移植して、苗のおすそ分け。間引くと残った苗は一気に成長します。逆に間引かないと、苗が小さいうちにトウが立ち、おいしさは半減

3月

ニラ、ナスタチウム追加

葉野菜が終わり、夏のトマトのためにコンパニオンプランツのニラとナスタチウムを定植。多年草のニラは他の鉢から株分けして移植。トマトやキュウリなどの夏野菜はニラの根をからませるように植えると、ニラの根の殺菌力で病気を防ぎます

5月

いよいよ トマトの植えつけ

「豊作祈願」という大玉トマトの苗を定植。トマトは一番花が咲いた頃に植えつけます

2カ月後

↑ラッカセイ

7月

トマト収穫!

真っ赤に色づいた「豊作祈願」。手前に植えたラッカセイはコンテナからはみ出し、土にもぐるスペースが足りなかったです

ブロッコリーの苗

9月

「すずなりブロッコリー」定植

ケールとブロッコリーの交配種「すずなりブロッコリー」の苗を購入。収穫を終えたトマトの後に植えつけます

巨大!

10月

ブロッコリー、グングン成長

害虫がほとんどいない秋とはいえ、コンパニオンプランツのニラのおかげでブロッコリーはすくすくと成長し、こんなに巨大に

2014年

2月

ホウレンソウの収穫

春はまだ遠いけれど、秋に種まきしたホウレンソウがブロッコリーの株元で元気に成長。霜にあたるほど甘みが増します

トマトの連作

土をリセットすることなく、今年もトマトが元気に成長。収穫後のブロッコリーを支柱代わりにしていたら、新芽があちこちから出て…。ブロッコリーは多年草の野菜です

9月

トマトの後ろに「和綿」

クリスマスリースにコットンを使いたくて「和綿」を育ててみることに。5月中旬に種をまき、芙蓉のような花の後、コットンボールがふくらみ始めました

コットン収穫

ついに実が弾け、ふわふわのコットンを収穫。クリスマスリースにしたり、そのままドライフラワーにしてオーナメントに

12月

2年目の「すずなりブロッコリー」収穫

植えっぱなしのブロッコリーを収穫。日当たりはいいけど、やせた土地のコルシカ島原産のブロッコリーは、光合成を活発にさせれば肥料も必要ありません。世話いらずの野菜は、家庭菜園では貴重です

2015年

ブロッコリーの種とり

ブロッコリーの種をとり、ココットに脱脂綿を敷いてブロッコリースプラウトを育てました。ブロッコリーの生命力の強さには驚かされます

3月

花盛りブロッコリー

ケールとブロッコリーとの交配種で多年草の「すずなりブロッコリー」。春は菜の花がきれいです。花芽、菜花も美味

←共育ちトマト

ドライトマトから発芽！

5月

3年連続トマト植えつけ

1月にドライトマトを丸ごとポットに埋めると、翌月には小さな芽が何本も出て共に寄りそって育ち、苗が完成。大玉トマト「ホーム桃太郎」の苗と一緒に植えつけます。カモミールやコリアンダー、マリーゴールドも元気です

6月

共育ち ミニトマトの実

ドライトマトから発芽した共育ちミニトマトは自然淘汰されながらも、現在10本が実をつけ始めました

完熟させて収穫

7月

収穫間近のトマト

順調に育つミニトマトと、大玉トマト「ホーム桃太郎」。下段の実は色づき始め、もうすぐ収穫です

12月

ブロッコリーと葉もの野菜

毎年恒例の葉もの野菜を栽培。ブロッコリーは多年草で「10年生きる」と聞きましたが、肝心の収穫が少なくなり、早くも花が咲いています

2016年

3月

春の花で土の乾燥を防ぐ

ケールに先祖返りしたかのようなブロッコリーの下部は葉を取っているので、株元を覆うようにパンジーなど春の花々を植え、土の乾燥を防ぎます

8月

4年連続トマト

今年もミニトマト、バジル、シソなどが元気に育ちました。土を替えずに4年連続ですが、順調です

10月

ブロッコリー終了

2013年9月に苗を植えつけた「すずなりブロッコリー」ですが、さらに巨大化しそうなので栽培終了に。寒い冬でも雪や雨をはじくようなツヤツヤの葉が、冬の庭を彩ってくれました。株を抜くと立派な根がびっしり。脇芽も出ているので、別容器に移植しました

さらに1カ月後

春まで収穫が続く、
色とりどりの
パッチワーク畑に!

12月

秋野菜の新芽

4年前と同じようにミニ畑をイメージして、葉もの野菜の種を11月にまきました。微生物のおかげで地温が上がり、1カ月後、かわいい新芽が

分身の脇芽を別容器へ

土のリセット

微生物がいい仕事をしているので、土の入れ替えはせず、少しだけ養分を足します

2017年

トマトの定植は十分暖かくなってから

夏野菜、植えました

5月 春のパッチワーク畑から夏野菜にチェンジ

秋冬の葉野菜の後、今年もトマトを定植。種から育てた大阪の在来種「キンカントマト」と、黄色い実の「フルーツイエロー」。同時に「ミニベルピーマン」、バジルを植えました。トマトと相性のいいカレンデュラやナスタチウムもひと足早く定植

巨木ブロッコリーの後でもトマト大豊作！

7月 キンカントマトがたわわに

「キンカントマト」は枝がしなるほど鈴なりに。大阪北摂で古くから伝わるトマトだけあって、たくましく成長。トマトは水やり時に水が実にかかると、日に当たったときに裂果しやすいので注意を

すずなりキャベツ、大きくなあれ！

ミニピーマンの株元に秋野菜！

9月 秋野菜にチェンジ

例年は熱帯夜が続く8月よりも、9月に盛り返すトマトですが、今年は長雨で実つきが悪く、早めに撤収。「すずなりキャベツ」と紫カリフラワー「バイオレットクイン」、カリフラワーの新品種で花茎が長くやわらかい「スティックカリフラワー」を植えました

10月 ミニピーマンの収穫

5月に植えた「ミニベルピーマン」がようやく色づいて収穫を迎えました。実をつけてから収穫までが長いので、時々ですが液肥をあげました

すずなりキャベツの1カ月後

ミニピーマンが色づきました！

寄せ植えローテーション②

マメ科バスケット

コンテナサイズ例

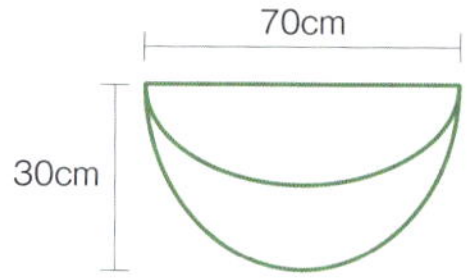

連作NGのマメ科野菜を6年続けて収穫

同じ土でつくり続けると連作障害が出やすいとされるマメ科の野菜を、土を替えずに6年以上もつくり続けています。おマメさんの採れたてのおいしさは格別。ぜひ挑戦してみてください。

2017年 3月

土を替えずに6年連続で栽培しているソラマメが、今年も花を咲かせて春を呼び込みます。ハコベや植えっぱなしのスイートアリッサム、一年草のビオラも花盛りです

2014年 10月

ソラマメの収穫後、元気な根を育てる菌根菌などが残っている土をそのまま使い、「内藤トウガラシ」と「白ナス」を植えました

Start!

2009年

ハンギングバスケットは軽い土で！

「日向土」と「もみ殻燻炭」

イギリス製のハンギングバスケットとリサイクルウールのセットをベランダの南東に設置。土は多孔質で通気性に優れた「日向土」に、「もみ殻燻炭」を1割ほど加えたもの。「もみ殻燻炭」は浄化作用があり、微生物のすみかになります。土が泥状になりにくいので土を替える必要もなく、軽いのでハンギングバスケット向きです

花盛りのスイートアリッサムは1年以上の長寿

2011年

11月

ミニカリフラワー収穫

春にソラマメを収穫後、インゲンマメの種をまき、秋にはマメ科と相性のいい「ミニカリフラワー」を育てて、11月に収穫しました。2年目になるスイートアリッサムは、土全体に広がってマルチングの大役も

2012年

真冬も元気いっぱい！

1月

ソラマメ元気に成長

ミニカリフラワーの収穫後、12月上旬にソラマメの苗を定植。寄せ植えの花はスイートアリッサムとビオラ、イベリス、レモンマリーゴールド。花は土の乾燥を防ぎます

さやが下を向いたら収穫！

4月

収穫間近のソラマメ

暖かくなってからグンと大きくなったソラマメ。天に向かっていたさやが、少しずつ頭を下げたら収穫までもうすぐ

2013年

5月

2年連続
ソラマメ収穫

2009年以降連続でマメ科の野菜を育てていますが、昨年に引き続き今年もソラマメが収穫間近

7月

トマトも大きく成長

ソラマメの収穫後、中玉トマトを定植。チッ素やカリウムなど野菜に必要な栄養素を補給するマメ科野菜のおかげで、トマトも大きく育ちました

3年連続ソラマメ定植

今年も土を替えずに、足りなくなった部分の土や、有用微生物入りの肥料を少しプラスしただけで、ソラマメを植えつけました。「打越一寸」と「まっ赤なそら豆」の2品種です

12月

目にもおいしい
寄せ植え！

冬の庭を華やかに

風は冷たくなってきましたが、奥にソラマメ、その手前にブロッコリー、コンパクトに広がって土の乾燥を防ぐビオラやスイートアリッサム、ネメシアも元気に成長

ソラマメの育て方

①種まき

ポットに入れた土にたっぷりと水をやり、種のおはぐろ（溝の部分）を下にして土に差し込み、豆が少し見えるぐらいに浅くまきます

②苗完成・定植

本葉が2〜3枚になったら、コンテナに植えつけます。我が家の直径70cmの半円バスケットには3株ぐらい植えています

③株元から分枝

定植後、すっかり根づいたソラマメ。茎が伸びてくると株元から分枝します。草丈が伸びてきたら倒れないように支柱を立てましょう

④整枝

分枝が増えたら1株につき太い茎を3〜4本（コンテナが大きければ4〜5本）残し、他の茎は地際から切り取ります。また生えてくるのでマメにチェックを

2014年

真冬に咲く花

2月 **ソラマメの花**

大雪が降った2月の寒さに負けず、空に向かって咲いたソラマメの花。赤紫の花が冬枯れの庭を彩ってくれます

手が届かなくなったら摘芯
4月

**大雪を乗り越え
3年連続収穫**

2月の記録的な大雪を乗り越え、すっかり暖かくなった4月、空を向いていたソラマメのさやが垂れ下り、ゴールデンウィークに無事収穫できました

5月

ソラマメ収穫!

10月 今話題の内藤トウガラシ!

トウガラシと白ナス

ソラマメの後に植えつけた江戸東京野菜の「内藤トウガラシ」と「白ナス」。手前は密生するヒメイワダレソウと紫葉のポリゴナム。「内藤トウガラシ」は江戸時代、内藤家の菜園(後の新宿御苑)から栽培が始まったとされ、現在は江戸東京野菜に認定されています

5月

⑥収穫

種まきから半年後、さやが垂れ下がったら収穫。さやを開けると白いフワフワのワタのベッドに横たわり、へその緒(さやと豆をつなぐ珠柄)で結ばれた赤ちゃんのようなマメが3粒。グリルでさやごと焼いてワタをなめてみたらおいしい! スプーンでこそぎ取ってパスタソースにしました。マメのピザや赤いソラマメのリゾットはきれいなピンク色に染まりました

4月

⑤摘芯

葉のやわらかいソラマメの頂部にはアブラムシがつきやすいので、さやがふくらんできたら頂部を切り取ります

2015年

1月

レモンマリーゴールドをすきこむ

多年草のレモンマリーゴールドは黄色い花も愛らしく、香りもいい。ナメクジやセンチュウが嫌う成分も分泌されているので土にすきこみ、緑肥として使用

ソラマメの収穫とエダマメの定植

４年連続でソラマメが育ち、無事に収穫。その後、ソラマメの幹をそのまま残し、エダマメの苗を植えつけました。同じマメ科が土の中の環境をそっくり受け継ぐので楽に育ってくれそうですが、はたして実はつくのでしょうか…

収穫したらすぐに茹でる！

8月

エダマメ収穫

半ば実験的だったエダマメですが、無事収穫に至りました。採ってすぐに茹でたエダマメの味は格別。このおいしさは家庭菜園ならではです

長雨に負けない

9月

元気なモロヘイヤ

エダマメ収穫後に植えたモロヘイヤ。8月後半から雨が続いて日照不足ですが、ご覧の通り元気に育っています

カリフラワーとソラマメ

今年はブロッコリーより栽培期間が短いカリフラワーを10月頃に定植し、11月上旬にソラマメの苗を植えました。ソラマメは５年連続。カリフラワーやブロッコリーはソラマメと相性のいい組み合わせ

2016年

7月

つるなしインゲン収穫

ソラマメの後に植えたつるなしインゲン。開花から15日ほどで収穫。コンパクトに育ちますが、実がついたのはほぼ一段目のみ。手前の小花は八重咲きのペチュニア

2017年

1月

定植から2カ月後のソラマメ

例年通り11月に種まきした３株のソラマメが、寒い中ゆっくりと成長中。１株につき４本の太い茎を残し、次々出てくる茎はカットしています。株元には土の乾燥を防ぎ、地温を保つため、白と紫のビオラ、白い小花のスイートアリッサム、紫のランタナなどを定植

追肥なしでグングン成長

暖かくなると急に大きくなるソラマメは、追肥をしなくてもグングン成長します。この頃になるとアブラムシがつきやすいので、枯れた葉や花がらはすぐに摘み取ること

5月

6年連続ソラマメ収穫!

大きくふくらんださやが垂れ下がると収穫の合図。土の入れ替えもなく、6年連続で収穫できるなんて喜びもひとしお。昨年10月に植えたビオラもまだ花盛り

5月末

今年の夏は黒ゴマを栽培

収穫を終えたソラマメを抜き取り、黒ゴマの種をまきます。まく場所にミミズコンポストを入れ、土を軽くほぐしてから種を筋に沿ってまき、土を軽くかぶせます。エジプト生まれなので強い光、暑さが大好きですが、本葉が出そろうまでは水切れさせないように注意

残念な黒ゴマ…
オクラは元気

ゴメンね、黒ゴマ

楽しみにしていた黒ゴマですが、水やりが足りず、ほとんど芽が出ませんでした。黒ゴマと同時期に植えたアフリカ生まれのオクラは元気に成長中

2013年
12月

ロマネスコ&プンタレッラ&紫タカナ

ミニピーマンの収穫後に植えたロマネスコが大きくなってきました。奥に少し見えるのは「プンタレッラ」というチコリの仲間。白い新芽をこそいでアンチョビソースでいただくと絶品。ローマの冬の旬野菜。12月から2月後半までが収穫期です

2013年
9月

ミニピーマン&紫タカナ

プリーツの形がかわいいミニピーマン。日当たりが悪くてもなんとか収穫できました。生でもおいしいけれど、中にチーズを詰めて焼くとさらにおいしい。タカナは寒さに強いので、秋から冬にかけて栽培できます。葉が紫なので虫も寄りつきません

寄せ植えローテーション③

半日陰コンテナ

コンテナサイズ例

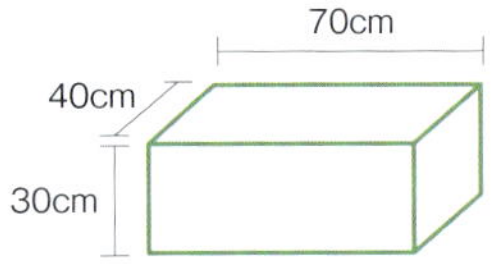

ほぼ手間なし！
冬から春にじっくり育つ

日当たりが望めないベランダでもできる、
寄せ植えの野菜づくりをご紹介します。
ユニークな品種にも挑戦しています。

2014年

ゆっくり大きくなる
ロマネスコ

2月

ロマネスコ&キャベツ&紫タカナ

幾何学的な模様が美しいロマネスコの花蕾が大きくなり、来月には収穫できそう。カリフラワーと同じく、脇芽が出ないのでひとつ収穫したらおしまいです。プンタレッラの後にキャベツを定植。紫タカナは外葉から摘んで食べています

こんなに大きくなりました

2015年

3月

キャベツ&大阪しろな

虫がつきやすいアブラナ科2種。害虫がいない秋冬だからこそできる組み合わせ。大阪しろなは「なにわ伝統野菜」で、葉は青々としていますが軸は真っ白。ハクサイの葉の部分のようなクセのない味わい

ベランダで
サツマイモ！

7月

安納芋を栽培

コンテナが大きいので、安納芋を植えました。日当たりの悪い夏は、少しでも日が差す場所に移動させながら栽培。今回は単植ですが、株元にわらを敷いて有用菌を生かします。カットした安納芋のツルは食べてみると甘くておいしい。採ってすぐ煮物にしました

半日陰でも育つ野菜&ハーブ

- ミツバ
- クレソン
- セリ
- ミョウガ
- フキ
- アサツキ
- レタス
- タカナ
- ショウガ
- シソ
- パセリ
- スイスチャード
- トレビス
- フェンネル
- チャイブ
- コリアンダー
- ミント
- レモンバーム

2016年

10月

ショウガ&ツルムラサキ

ともに原産地が熱帯アジアという組み合わせ。半日陰でも収穫できるショウガと、さし芽から簡単に栽培できるツルムラサキを、夏から秋にかけて栽培。ショウガの葉を箸置きにしたり、筆ショウガ、新ショウガ、種ショウガと存分に楽しめます

ツルムラサキの実

葉、花、実も食べられるツルムラサキですが、クセが強いので好き嫌いが分かれるところ

ショウガ

株を掘り起こして、新ショウガと種ショウガを収穫。新ショウガは辛みがマイルド

秋に葉が枯れたら収穫

ショウガの後も土はそのまま!

11月

菜花&キャベツ

ショウガとツルムラサキの収穫後、土を替えずにミミズコンポストの土や有用微生物入りの肥料を少し足し、菜花の種をまき、キャベツの苗を植えつけました。ともにアブラナ科ですが、秋まきなので害虫の心配はありません

カーリーケールとレタスを追加

12月

カラフル葉野菜

冬のベランダも、こんなににぎやか。育苗して植えつけたカーリーケールは紫の葉がチリチリして虫が寄りつきません。レタスもポットで種まきして植えました。菜花は成長点を食べると脇芽がどんどん増えます。黄色い小花も食べられます

2017年

3月

トウ立ちで肥料を
まんべんなく使い切り、
春の収穫終わり

バラのような
キャベツ姫

葉野菜の収穫終了

菜花は花まで収穫し、カーリーケールも葉が硬くなってきたので撤収。トウ立ちさせて肥料をまんべんなく使い切るほうが、土壌環境にとってはいいことです。キャベツの葉は花びらのように美しい

菜花に代わり
九条ネギ追加

土は替えず
堆肥をちょい足し

九条ネギを定植

菜花、カーリーケールを抜き取り、土は取り替えずにミミズコンポストを足して軽く混ぜます。そこへ九条ネギの苗を植えつけました

8月

5月に植えた
ショウガ

ツルムラサキが
勝手に生えてきました

ショウガ&ツルムラサキ成長中

４月にニンニクを収穫し、５月に九条ネギを早々に収穫して、新たに種ショウガを植えつけました。ちょうどその頃、昨年秋に収穫したツルムラサキのこぼれ種から新芽が！ショウガと一緒に真夏でもすくすく成長

9月

竹の支柱を立てます

秋冬野菜の
ロマネスコ追加

秋冬野菜ロマネスコを定植

すっかり背が高くなったショウガに、グリーンカーテンになるほど伸びるツルムラサキがからみついてきたので、竹の支柱を立てます。新たにカリフラワーの一種「ロマネスコ」を１株追加

10月

霜がおりる前に
根ショウガ収穫！

ショウガ&ツルムラサキ 最後の収穫間近

夏に葉ショウガを収穫し、来月には根ショウガも収穫する予定。葉を摘み取って収穫するツルムラサキもそろそろ終了。ロマネスコも日の当たる方に向かって大きくなってきました

Short story 3

タイミングが大切

上／ミニカボチャの人工授粉。花の付け根が膨らんでいる雌花の柱頭に、雄花の花粉を優しくつけます

下／緑のカーテン仕立ての赤花キヌサヤ。よく観察するとガクの間から雄しべが、さやの先端には雌しべが残っていて神秘的

気軽に行けるベランダ菜園だからできること

カボチャやズッキーニは、1株に雄花と雌花が咲きます。早朝に開きだし昼からしぼんでしまう一日花で、午前中の早い時間に人工授粉をしてあげると高い確率で実がつきます。ベランダで洗濯物を干したついでに、チラチラと眺めて、雄花と雌花が同時に咲いていたらラッキー！　人工授粉は難しい作業ではないけれどタイミングが大切。気軽に行けるベランダ菜園だからこそできることで、手助けした花が実になっていく姿を見ると愛おしくなります。

エンドウの花が実になる過程も、眺めて飽きないくらいきれいです。小さなさやには雄しべと雌しべの名残りがついていて、光越しに小さな豆も見えます。エンドウの写真の光がやわらかいのは、曇っているけど明るい朝だから。晴れてて直射日光が強い日は、陰陽のコントラストが目で見るより強く写ってしまいます。いい光のときってこれもタイミング。パジャマを着たまま撮るなんてこともあります。

Part 3

寄せ植えにピッタリの組み合わせがわかる!

おすすめ野菜 & ハーブカタログ

ベランダのコンテナ栽培に適した野菜やハーブを
春夏、秋冬に分けて、ポイントやおすすめ品種もご紹介。
混植するのによい組み合わせもわかります。

※以下の種苗会社名は省略しております。
サカタ（サカタのタネ）／タキイ（タキイ種苗）／つる新（つる新種苗）／
トキタ（トキタ種苗）／日光（日光種苗）／野口（野口のタネ／野口種苗研究所）

※紹介している品種は各種苗会社のホームページなどでご確認ください。

ベランダなら冬まで収穫が続く

トマト

ナス科／南米アンデス地方／一年草

春　夏

真夏よりも9月後半が盛り

大玉からマイクロトマトまで様々なサイズがある中で、育てやすくおいしいのはミニトマト。次に中玉トマトです。熱帯夜が続く間は収穫ペースが落ちますが、9月後半から再び実がつき出し、糖度もアップします。脇芽かきをしながら育てますが、ミニトマトは茎が太く育ってきたら、脇芽を伸ばして、枝数を増やします。

POINT

ベランダでも丈夫で実がつきやすい品種

落花が少なく、房なりで実がつきやすい品種は「千果」（タキイ種苗）「アイコ」（サカタのタネ）。大玉は中上級者向きですが、「豊作祈願」（トキタ）はコンパクトに実ります。

まさに食べ頃のミニトマト「千果」（タキイ種苗）はベランダ向き

	1月	2月	3月	4月	5月	6月	7月	8月	9月	10月	11月	12月
植えつけ				━	━							
収穫							━	━	━	━	━	━

混植するなら

バジル

トマトが余らせた栄養分を吸収し、土の中のバランスを整えて病害虫を防ぎます

シソ

バジルと同じシソ科。病害虫を防ぎ、成長を助け合います。シソ科のタイムも同様

カレンデュラ

黄色の花が夏らしく、元気をくれます。害虫をトマトから遠ざけ、トマトと相性がいい

小ナスなら鉢栽培でもうまくいく
ナス

ナス科／インド／一年草

水分と肥料が欠かせない

「ナスは水で育てる」「肥料喰い」といわれるほど、水分と肥料が必要なので保水力や保肥力のある土（1苗に対し土15L以上）がおすすめ。「千両2号」（タキイ）は環境適応に優れ、病気にも強い品種。各地で伝統的な品種がありますが、環境が異なると育ちにくい面も。実が大きくなるものは鉢栽培には不向きです。

混植するなら
多年草のニラ、ナス料理にもよく合うシソ、タイム、カラーリーフクローバーなど

丈夫で育てやすい「とげなし千両2号」（タキイ種苗）

	1月	2月	3月	4月	5月	6月	7月	8月	9月	10月	11月	12月
植えつけ				■	■							
収穫							■	■	■	■	■	

種は硬いので一晩水につけてからまく
オクラ

アオイ科／アフリカ／一年草

高温に強くベランダ向き

アフリカ原産のオクラは高温を好むので、夏のベランダ向き。直根性の根が途中で傷つくと生育が止まることもあるので、鉢に直につけてまき。種は硬いので一晩水につけてまき、苗は本葉4枚以内の若苗を購入し、根鉢を崩さないように植えつけます。「島オクラ」（野口のタネ）など、角が丸い品種のほうがやわらかい。

混植するなら
シソ科のハーブ、タイムやオレガノ、マジョラムで防虫対策。サツマイモも相性がいい

実がやわらかい「島オクラ」（野口のタネ）

	1月	2月	3月	4月	5月	6月	7月	8月	9月	10月	11月	12月
植えつけ					■							
収穫							■	■	■			

小さい実を収穫してピクルスにも

キュウリ

ウリ科／ヒマラヤ山脈南部／一年草

実のつき方で3タイプある

キュウリは実となる雌花のつき方によって「節なり型」「飛び節なり型」「中間型」の3タイプあります。「節なり型」は親づるの節ごとに雌花がつきやすく、あんどん仕立て向き。「飛び節なり型」は親づるよりも、子や孫づるの節に雌花が飛び飛びにつき、広い面積のネット栽培向き。「中間型」は親と子づるに雄花と雌花が混在し、ネット栽培向きです。

POINT

品種に合った仕立て方が必要
購入時にどのタイプか確認

節なり型は「ピコQ」（トキタ種苗）「ベランダきゅうり」（つる新種苗）、**飛び節なり型**は伝統野菜の「四葉」（つる新）、**中間型**は家庭菜園で人気の「夏すずみ」（タキイ）など。

グリーンカーテンになる「椎葉村キュウリ」（自然農法国際研究開発センター）

	1月	2月	3月	4月	5月	6月	7月	8月	9月	10月	11月	12月
植えつけ				—	—							
収穫						—	—	—				

混植するなら

ネギ

ネギの根につく拮抗菌がウリ科の病害虫を防ぎます。ただし、暑さには弱いので注意を

ニラ

ネギの仲間であるニラも同様の効果あり。キュウリの根とからませるように植えつけます

ナスタチウム

アブラムシやコナジラミなど害虫を遠ざけ、お互いによく育ちます。アリよけにも効果的

手間いらずのベランダ優等生

インゲン

マメ科／中南米／一年草

手間いらずの優等生

日当たりがよければ丈夫で手間がかからない家庭菜園の優等生。つるあり種、つるなし種があり、つるなし種はコンパクトに栽培でき、花が咲いたら一斉に実をつけます。つるあり種は支柱やネットを張ってつるを伸ばすと、2カ月ほど収穫が続きます。3枚1組の葉も涼しげで、夏のグリーンカーテンに最適。

混植するなら

インゲンにつくアブラムシが嫌う**ピーマン**、成長を助ける**ルッコラ**、**ペチュニア**など

緑、黄色、紫色の「つるありいんげんミックス」(たねの森)

	1月	2月	3月	4月	5月	6月	7月	8月	9月	10月	11月	12月
種まき				━	━							
収穫						━	━	━				

乾燥に強くグリーンカーテン向き

ササゲ

マメ科／アフリカ／一年草

若いさやも完熟豆も美味

インゲンより暑さや乾燥に強く、真夏でも実がつくのでグリーンカーテンにおすすめ。細長いさやが特徴で、若いさやを煮物やゴマ和え、完熟したら豆を茹でてサラダに利用できます。愛知県の伝統野菜「十六ササゲ」は、約40㎝ものさやの中に豆が16粒も。「けごんの滝」（サカタ）も実つきがよく丈夫。

混植するなら

ミニトマトは互いの生育を促進。**ペチュニア**、**カリブラコア**、**クフェア**など

尾張地方の伝統野菜「十六ササゲ」

	1月	2月	3月	4月	5月	6月	7月	8月	9月	10月	11月	12月
種まき				━	━	━						
収穫						━	━	━	━	━		

晩秋まで手間なし収穫

ピーマン

ナス科／南アメリカ／一年草

生育過程をゆっくり楽しむ

　5月に植えつけて8月からの収穫まで約4カ月。実がつくまで時間がかかりますが、晩秋まで収穫が続きます。草丈が低く、生育過程をゆっくり楽しめる点ではベランダ菜園向き。果肉が詰まっていないので、水や肥料をやるにも肩の力を抜いて楽しめます。種採りしやすく発芽率も高いので、上級者は種まきから挑戦してみては。

ベル型の実がかわいい「ミニベルピーマン」（種苗交換会で入手）

POINT

パプリカは上級者向け

ここ数年の定番は「ミニベルピーマン」（種苗交換会で入手）。肉厚のパプリカは色づくまでさらに1カ月以上かかるので、株への負担も大きく、コンテナ栽培には向きません。

	1月	2月	3月	4月	5月	6月	7月	8月	9月	10月	11月	12月
種まき・植えつけ				━	━							
収穫								━	━	━	━	

混植するなら

シソ

ピーマンの生育を助けてよく育ちます。同じナス科のトマトやナスとも相性がいい

ニラ

土をクリーンに保ち、暑さにも強いので夏野菜といいコンビ。収穫も長く楽しめます

タイム

コナジラミなどの害虫を遠ざけ、ハチやチョウなど受粉に必要な昆虫を引き寄せる効果も

黒ゴマ、白ゴマと育て方は同じ「金ゴマ」(野口のタネ)

今や希少なゴマが我が家で収穫できる

ゴマ

ゴマ科／アフリカ／一年草

真夏のベランダでも元気

強い日差しを好み、ベランダ菜園でもたくましく育ちます。ラッパ状の花が咲いた後にさやができ、乾燥後に開けると約80粒のゴマが整然と並んで感動的。収穫後の選別に手間がかかるため、自給率1％未満のゴマも家庭なら楽しく選別できます。収穫した種でゴマスプラウト栽培、間引き菜は青汁に利用します。

混植するなら

生育をよくする**サツマイモ**はゴマと一緒に料理にも。**ペチュニア**や**カリブラコア**など

	1月	2月	3月	4月	5月	6月	7月	8月	9月	10月	11月	12月
種まき					━━	━━						
収穫										━━		

ナス科野菜の中でいちばん楽に育つ

シシトウ

ナス科／中南米／一年草

ストレスで辛くなる

ナス科の野菜の中でいちばん楽に育てられます。ただし水切れや肥料切れが続くとストレスで辛くなることも。トウガラシの近くで栽培すると交雑して辛い実がなるので注意を。完熟させた赤い実もおいしい。実つきのいい「翠臣」(サカタ)、奈良県の伝統野菜「紫とうがらし」は辛くない紫色の珍しい品種です。

混植するなら

同じナス科の**ピーマン**と同様に**シソ**、**バジル**、**タイム**、**ニラ**、**カリブラコア**など

奈良県の伝統野菜「紫とうがらし」(野口のタネ)の紫の実は加熱すると緑色に

	1月	2月	3月	4月	5月	6月	7月	8月	9月	10月	11月	12月
植えつけ					━━	━━						
収穫								━━	━━	━━	━━	━━

大きくなりすぎても次々と収穫

ゴーヤ

ウリ科／東インド、熱帯アジア／一年草

丈夫でスタミナ抜群

沖縄の伝統野菜から全国区へ。ベランダでもたくさん収穫できて、夏の緑のカーテンの定番です。ウリ科野菜の中では茎が硬く、台風が来てもダメージが少ないのが長所。コンテナ栽培では、売っている野菜より大きな実をつけると株が弱るのが常ですが、ゴーヤはその点も大丈夫。かまわず次々と実をつけるスタミナ抜群の野菜です。

POINT

緑のカーテンにおすすめの品種

「さつま大長れいし」（野口）は35cm越えの長いゴーヤ。ハリネズミみたいな形がかわいい「島さんご」（タキイ）も葉に勢いがあり、緑のカーテンにおすすめです。

35cm以上にもなる長いゴーヤ「さつま大長れいし」（野口のタネ）

	1月	2月	3月	4月	5月	6月	7月	8月	9月	10月	11月	12月
種まき・植えつけ												
収穫												

混植するなら

つるありインゲン

マメ科とウリ科の相性は抜群。マメ科野菜の根粒菌が土の質をよくしてくれます

カリブラコア

ペチュニアに似た花が春から秋にかけて長く咲きます。株元を覆い、乾燥を防ぎます

ナスタチウム

株元を覆うように茂り、アブラムシやコナジラミを遠ざける効果も。花や葉はサラダに

「お多福」と呼ばれている大生姜の新ショウガを収穫

半日陰でもたくましく育つ

ショウガ

ショウガ科／熱帯アジア／多年草

1回植えると3度楽しめる

半日陰でも育つ香味野菜。夏に葉ショウガ、晩秋に根ショウガを収穫し、古い種ショウガも薬味として利用できるので3度楽しめて、根に含まれる薬効成分で土もふかふかになります。種ショウガは大きさ別に大、中、小とあり、芽出ししてから植えつけます。辛みの強さは大きさに反比例して小がいちばん辛い。

混植するなら

半日陰を好む**ミツバ**や、真夏でも旺盛にツルを伸ばして太陽を遮る**ツルムラサキ**など

	1月	2月	3月	4月	5月	6月	7月	8月	9月	10月	11月	12月
植えつけ				━	━							
収穫								━		━	━	

ほぼ手間いらずで毎年収穫

ミョウガ

ショウガ科／東南アジア／多年草

4～5年植えっぱなし

半日陰の湿り気がある場所でよく育ち、さほど手をかけなくても毎年、花蕾（食べるところ）が出てくる便利な野菜。さわやかな香りと辛みで病害虫の被害もなく、4～5年植えっぱなしにできるので大きめのコンテナが後々楽。「早生みょうが」と「秋みょうが」があり、夏に収穫のピークがくる早生種がおすすめ。

薬味に欠かせない早生ミョウガの花蕾

混植するなら

ベランダの陰になるところでも育ち、薬味やお吸い物などに使える**セリ**、**ミツバ**など

	1月	2月	3月	4月	5月	6月	7月	8月	9月	10月	11月	12月
植えつけ			━									
収穫							━	━	━	━		

希少な真夏の葉野菜

クウシンサイ

ヒルガオ科／東南アジア／多年草

蒸し暑い真夏でも丈夫に育つクウシンサイ

混植するなら

同じく本来は水辺の植物である**クレソン**や、害虫を遠ざけて益虫を呼ぶ**コリアンダー**など

手軽に再生できる

希少な夏の葉野菜の中で、味にクセがなく、東南アジアや中国でも人気の野菜。茎が中空なので空心菜と呼ばれていますが、種袋には「エンツァイ」とも。野菜売場のクウシンサイを上から10㎝でカットして、根の部分を水に浸せば発根するので、土に植えつけて栽培できます。本来は水辺の植物なので乾燥に注意。

	1月	2月	3月	4月	5月	6月	7月	8月	9月	10月	11月	12月
種まき					●	●	●					
収穫							●	●	●	●		

1株あれば夏じゅう楽しめる

シソ

シソ科／中国南部／一年草

新芽から花穂までフル活用

1株で十分使えるシソ。種まき後の新芽「芽ジソ」は、香りのいいスプラウト。「葉ジソ」の収穫、摘み取った花穂は「穂ジソ」としてお刺身の薬味に、開花後の「こき穂」は浅漬けにと、成長に合わせてフル活用。青シソと赤シソがあり、ともに「ちりめん種」があります。ちりめん種は葉が波打ち、口当たりもソフト。

混植するなら

シソは単独だとアブラムシやバッタがつきやすいので、**トマトやナス、ピーマン**と一緒に

口当たりがやわらかい「青ちりめんしそ」

	1月	2月	3月	4月	5月	6月	7月	8月	9月	10月	11月	12月
種まき				●	●	●						
収穫					●	●	●	●	●	●	●	

真夏でも旺盛に伸びる
やわらかい葉先を次々
と摘み取って収穫

脇芽を伸ばして約４カ月も収穫

モロヘイヤ

シナノキ科／インド西部、アフリカ／一年草

真夏でも旺盛に育つ

古代エジプト時代に北アフリカを中心に栽培が始まり、日本では健康野菜として広まりました。真夏でもグングン成長しますが、発芽適温も25～30度と高いので早まきは禁物。刈り取って収穫することで脇芽が伸び、約4カ月も収穫できます。花、さや、硬くなったクキ、種には毒素が含まれているので注意を。

混植するなら

乾燥を防ぐために**クフェア、ヒメイワダレソウ、ペチュニア**などでマルチングを

	1月	2月	3月	4月	5月	6月	7月	8月	9月	10月	11月	12月
種まき						━						
収穫							━	━	━	━		

土の中の病原菌を抑える効果あり

ニラ

ユリ科／東アジア／多年草

夏野菜の強い味方

一度植えると、数年植えっぱなしでも収穫できます。根に微生物が共生して土の中の病原菌を抑える効果も。伸びた葉をそのままにしておくと根が弱るので、定期的に刈り取って収穫を。冬になると葉が枯れて越冬します。種から育てると収穫まで約2年かかるので、苗が入手できる「大葉にら」が育てやすい。

混植するなら

キュウリ、トマト、ピーマンなど夏野菜の病気予防に。越冬前に植え替えしても大丈夫

葉の広い「大葉にら」がおすすめ

	1月	2月	3月	4月	5月	6月	7月	8月	9月	10月	11月	12月
植えつけ						━	━					
収穫				━	━	━	━	━	━	━	━	

緑の葉とのコントラストも美しい「ダークオパールバジル」

自分で種を採って繰り返し栽培

バジル

シソ科／熱帯アジア／一年草

混植するなら

生育を助け合い、病害虫を遠ざける**トマト、ナス、ラディッシュなど**

ベランダハーブの人気者

葉がやわらかく料理に使いやすいのは「スイートバジル」。単独だとアオムシ寄りつきますが、トマトと一緒だとモンシロチョウを遠ざけます。紫色の「ダークオパールバジル」も虫除けに効果的。インドで薬草として用いられる「ホーリーバジル」は人も植物も調子を整えてくれます。自家採取した種の発芽率も高い。

	1月	2月	3月	4月	5月	6月	7月	8月	9月	10月	11月	12月
種まき・植えつけ				━	━ ━	━						
収穫						━	━	━	━	━		

混植するならほふく性がおすすめ

タイム

シソ科／ヨーロッパ／常緑小低木

受粉を助けるハチを呼ぶ

品種が豊富で、ほふく性と立性があります。ほふく性の「クリーピングタイム」は土を覆うように広がり、鉢から垂れ下がるように伸びます。春から夏にかけてピンクの花が咲き、野菜の受粉を助けるハチを呼びます。立性の「シルバータイム」は葉の縁が白い斑入りで、冬は紫色に紅葉し、目でも楽しめる品種。

マルチング代わりになる「クリーピングタイム」

混植するなら

イチゴ、オクラ、カリフラワー、トウガラシなど。タイムが受粉を助け、マルチングも

	1月	2月	3月	4月	5月	6月	7月	8月	9月	10月	11月	12月
植えつけ				━	━				━	━		
収穫			━	━	━	━	━	━	━	━	━	━

花から根まですべて食べられる
ナスタチウム

ノウゼンハレン科／南アメリカ／一年草

半立性やはうタイプがあり、好きな色や形で選んで

混植するなら
トマト、キュウリ、ブロッコリーなどに集まるアブラムシ、コナジラミを遠ざけます

病気予防に役立つ

花、葉、種、根にクレソンに似た辛み成分があり、すべて食用可。土壌の微生物を多様にし、病気予防に役立ちます。黄色い花はアブラムシを引き寄せますが、辛み成分のおかげで逃げ出します。暑さに弱いので、元気がなければ根を残して切り戻すと、再び秋に咲き出します。花は色数が豊富で八重、一重があります。

	1月	2月	3月	4月	5月	6月	7月	8月	9月	10月	11月	12月
植えつけ			■	■	■							
収穫				■	■	■			■	■		

野菜の近くで育てるハーブ
ローズマリー

シソ科／地中海沿岸／常緑低木

ワイルドな草姿も魅力的なローズマリー

混植はNG
混植は×ですが、ミント、ユーカリ、レモングラス、ローズゼラニウムも虫除け効果あり

混植せず虫除けに

暑さ寒さに強い丈夫なハーブ。ただ、植え替えに弱く、一気に枯れることもあるほど根がデリケート。野菜と混植すると、その野菜を排除しようと枯れさせる多感な面もあります。寄せ植えにはせず、ローズマリーの鉢を野菜のそばに置いておくだけで、オンシツコナジラミやヨトウムシを遠ざけてくれます。

	1月	2月	3月	4月	5月	6月	7月	8月	9月	10月	11月	12月
植えつけ				■	■				■	■		
収穫			■	■	■	■	■	■	■	■	■	

茎を残せば翌年以降も収穫

ブロッコリー

秋　冬

アブラナ科／地中海沿岸／多年草

長期間収穫できてお得感あり

中心の頂花蕾を収穫後、小さな花蕾（脇芽）が次々育ちます。ただし、寒くなる前に植えつけないと、花蕾が大きくならないので注意を。我が家では「鈴なりブロッコリー」（エムソン企画）を4年栽培しましたが、実はブロッコリーは多年草。常に花芽をつける生命力の強い野菜です。高い抗酸化作用は、土にも影響があると思います。

イギリス土産にいただいた珍しい「紫ブロッコリー」

POINT

ベランダ向き　育てやすい品種

「ハイツSP」（タキイ）は脇芽が多い品種。「ひとくちブロッコリー」（日光種苗）は、頂花蕾が小さな花蕾に分かれて収穫。茎ブロッコリーは草丈が高いので深鉢で栽培。

	1月	2月	3月	4月	5月	6月	7月	8月	9月	10月	11月	12月
植えつけ									━			
収穫	━	━										━

混植するなら

リーフレタス

キク科のリーフレタスは、ブロッコリーに寄りつくモンシロチョウやコナガを遠ざけます

シュンギク

レタス同様、キク科独特の味と香りが害虫を予防。ブロッコリーと同時期に植えられます

オレガノ

葉、茎、根に辛みがあり、殺菌効果のあるハーブ。寒さにも強いので同時期に植えつけを

まるまる太ったキャベツの仲間

コールラビ

アブラナ科／地中海北岸／一年草

紫色の「コールラビ・パープル」（つる新種苗）

混植するなら

オレガノや**タイム**などアブラムシやコナガを遠ざける、**這うタイプのハーブ**がおすすめ

根は移植に強く丈夫

キャベツの仲間で、丸く太った茎を食べます。種から育てる場合、ふくらむ部分にばらつきがあるのでポットで育苗し、選別してから定植。双葉の下の胚軸を見て、丸くふくらみかけているものを残し、楕円状のものやふくらんでいない苗を間引きます。採り遅れると繊維が硬くなるので、直径7cmぐらいで収穫を。

	1月	2月	3月	4月	5月	6月	7月	8月	9月	10月	11月	12月
種まき								●	●	●	●	
収穫	●									●	●	●

カラフルな花蕾で魅力アップ

カリフラワー

アブラナ科／地中海沿岸／多年草

スティック状の新品種も

仲間のブロッコリーと比べるとつぼみが緻密で、ドーム型のブーケのよう。花蕾の白色を保つため、葉をヒモで閉じて遮光しますが、遮光しない「オレンジブーケ」、「バイオレットクイーン」（ともにタキイ）などはカラフルでコンパクト。スティック状に枝分かれする「カリフローレ」（トキタ）など新品種もあります。

混植するなら

防虫効果の**リーフレタス**、**パセリ**や**タイム**などのハーブ、マルチング代わりに**ビオラ**など

遮光せずに育てられるオレンジ色の「オレンジブーケ」（タキイ種苗）

	1月	2月	3月	4月	5月	6月	7月	8月	9月	10月	11月	12月
植えつけ									●			
収穫	●											●

初心者でも簡単に種から栽培

ルッコラ

アブラナ科／地中海沿岸／一年草

間引き菜も花も美味

種から育てられるイタリア生まれのハーブ。種まき後約10日目に間引くハートの双葉もルッコラの味！ ゴマ風味で後味がほんのり辛くて美味。葉の収穫をしながら冬を越し、春先には花が咲きます。花もルッコラの風味と、蜜の甘さも。さやから種が飛び出し、また種まきができます。種から種への命のつながりをベランダでも身近に体験できます。

可憐なアイボリーの花もおいしい

POINT

野性的な味わいの多年草の品種もある

イタリア名はルッコラですが、種袋には英名の「ロケット」（サカタ）という表記も。ルッコラとは別種の多年草セルヴァチカ「ワイルドロケット」（たねの森）はゴマ風味の力強い味。

	1月	2月	3月	4月	5月	6月	7月	8月	9月	10月	11月	12月
種まき									━	━	━	
収穫	━	━								━	━	━

混植するなら

リーフレタス

ルッコラと同じ時期に種まきができるリーフレタス。害虫を遠ざける効果もあり

シュンギク

アブラナ科のルッコラにつきやすい害虫を、独特の香りと風味で近づけないようにします

パセリ

ヨトウムシやコナガ、モンシロチョウなどを遠ざけ、日当たりが悪くても長期間収穫

春に植えても害虫がつかない

リーフレタス

キク科／地中海沿岸／一年草

混植するなら

アブラナ科の**キャベツ、ミズナ、ルッコラ**などを害虫から防除。**ビオラ**も見た目に美しい

フレッシュなサラダにピッタリ「ガーデンベビー」（タキイ種苗）

ベビーリーフを毎日食卓へ

結球しないレタス。5～7種類の種が混合されたミックスシードがおすすめ。草丈が同じで、フリルあり、赤葉ありとバランスよくブレンドされ、密集気味に育てて葉をカットして収穫。ほぼ間引かずに育てられます。ベビーリーフがおいしい「ガーデンベビー」（タキイ）、「ガーデンレタスミックス」（サカタ）など。

	1月	2月	3月	4月	5月	6月	7月	8月	9月	10月	11月	12月
種まき			━	━					━	━	━	
収穫	━	━		━	━	━				━	━	━

1個できるとうれしい中上級者向き

キャベツ

アブラナ科／地中海沿岸／一年草

春キャベツがおすすめ

1個の収穫でも満足感の大きい中上級者向けの野菜。栽培時期や地域に応じて品種も豊富。球の大きさは外葉に比例し、結球させるには植えつけ適期を守り、1日でも早く定植を。9月に植えて約2カ月で収穫するミニキャベツもありますが、虫除けネットは必須。11月に植える春キャベツが安心です。

11月に植えて4月に収穫する「春波」（タキイ種苗）

混植するなら

リーフレタス、パセリ、ビオラ、寒さに強く土を覆うように広がる**スイートアリッサム**など

	1月	2月	3月	4月	5月	6月	7月	8月	9月	10月	11月	12月
植えつけ										━	━	
収穫			━	━								

葉も間引き菜もおいしい

カブ

アブラナ科／地中海沿岸、中央アジア／一年草

初心者向きの小カブ

「金町小カブ」（野口）は生育が早く、作りやすい小カブの代表。葉も炒め物や煮物に。赤紫と白の「あやめ雪」（サカタ）も小カブ。大きくしたくなりますが、小カブは直径5cmぐらいが美味。真っ白な「スワン」（タキイ）は早く収穫すれば小カブ、時期をずらせば中、大カブと収穫するたびに株間が広がり、大きく育ててもクリーミーな品種です。

POINT

間引き菜もごちそう

カブの間引き菜で、手にいくつものるような小さなカブは「芽蕪」といって、料亭で碗物などに使われているとか。そんな貴重な収穫も楽しめるのが家庭菜園ならでは。

直径5cmぐらいが食べ頃
「あやめ雪」（サカタのタネ）

	1月	2月	3月	4月	5月	6月	7月	8月	9月	10月	11月	12月
種まき									━	━		
収穫	━									━	━	━

混植するなら

チャービル

パセリに似たセリ科ハーブ。セルフィーユとも。カブの生育を促進し、風味もアップ

パセリ

カブの成長を助け、カブの葉や根を食い散らすヨトウムシを遠ざける効果あり

ハコベ

野菜と相性よく、カブの株元を覆って土の乾燥を防ぎ、寒さからも守ってくれます

やわらかな味わいをベランダで

コマツナ

アブラナ科／北ヨーロッパ／一年草

寒くなるほど甘い

寒くなるほど甘くなり、体がホッとするような優しい香り。江戸東京野菜に認定されている伝統小松菜は「ごせき晩生小松菜」（野口）という品種。発祥地である江戸川区の後関種苗が復活させた昔ながらの小松菜です。葉も茎もやわらかく、傷みやすいので、ほとんど流通していません。だからこそ育てて味わいたい品種です。

混植するなら

アブラナ科の病害虫を防ぐキク科の**シュンギク**や、抗菌作用の**ネギ**、**ニラ**、**パセリ**など

抗菌作用のある葉ネギと混植したコマツナ

	1月	2月	3月	4月	5月	6月	7月	8月	9月	10月	11月	12月
種まき									━	━	━	
収穫	━	━								━	━	━

虫がつきにくいキク科のハーブ

シュンギク

キク科／地中海沿岸／一年草

味のいい大葉シュンギク

ヨーロッパでは香りのハーブとして扱われています。葉の切れ込みの形で大葉、中葉、小葉に分類され、市場では中葉種が主流。摘み取りながら収穫すると、葉数が増え収穫が長く続きます。大葉種は葉の切れ込みが浅く、肉厚でやわらか。えぐみが少ない大葉シュンギクの「おたふく」（日光種苗）は生食もおすすめ。

混植するなら

キク科のシュンギクは虫がつきにくいので、アブラナ科の**コマツナ**、**ミズナ**、**カブ**など

サラダもおいしい大葉の「おたふく」（日光種苗）

	1月	2月	3月	4月	5月	6月	7月	8月	9月	10月	11月	12月
種まき									━	━		
収穫	━	━								━	━	━

ほぼ一年中栽培できる

チンゲンサイ

アブラナ科／中国／一年草

間引き菜を空き缶に植えて

今や定番の中国野菜。暑さ寒さに強く、真夏を除いた一年中栽培できます。コナガの被害を避けるなら、秋まき後半がベスト。間引きを数回繰り返して、ベビーリーフを味わいながら育てましょう。アブラナ科野菜は移植に強いので、間引き菜を空き缶などに移植することも可。移植に適したタイミングは本葉5～6枚に育った頃です。

POINT

家庭菜園向きおすすめ品種

手のひらにのるミニチンゲンサイ「シャオパオ」（サカタ）は丸ごとホイル蒸しに。葉の表が赤紫色、裏は緑の「赤チンゲンサイ」（日光）の間引き菜はサラダの彩りにも。

空き缶に移植しても丈夫に育つミニチンゲンサイ

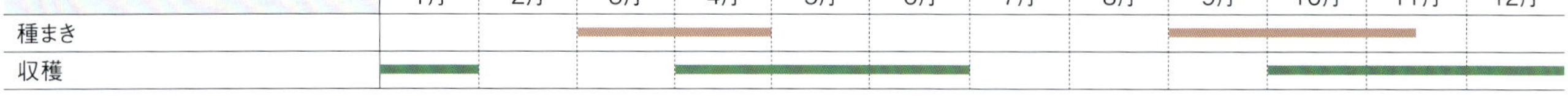

混植するなら

リーフレタス

虫がつきにくいリーフレタスは、チンゲンサイの間引き菜と一緒にベビーリーフサラダに

ミツバ

チンゲンサイの陰に隠れても丈夫に育ち、チンゲンサイの株元を覆って乾燥を防ぎます

ハコベ

ミツバと同じく邪魔にならず、マルチングの代わりに土を覆い、乾燥を防いで保温効果も

緑と銅葉のミツバを混植して和のしつらいに

日なたを好む野菜の陰で育つ

ミツバ

セリ科／日本、中国／多年草

日本原産の香味野菜

耐湿性があり、日本の風土に適して病害虫の心配も少ないです。午後から半日陰になる場所が理想的。日なたを好む野菜の陰に植えるとよく育ちます。葉は霜に直接あたると枯れても根は残り、翌春には再び芽吹きます。市場のミツバは水耕栽培や遮光して軟白栽培しますが、家庭菜園では自然に育てても美味。

混植するなら

日当たりを好む**キュウリ、ナス、ゴーヤ**の陰。害虫を忌避しあうアブラナ科の**ミズナ**など

	1月	2月	3月	4月	5月	6月	7月	8月	9月	10月	11月	12月
種まき・植えつけ												
収穫												

京野菜から全国の人気者に

ミズナ

アブラナ科／日本／一年草

冬でも繰り返し収穫

京野菜として古くから栽培され、シャキシャキした食感が特徴。水分が多い茎はナメクジも好物で、茎が急に倒れたら鉢底をのぞいて。株元から約3㎝残して切ると、中から新芽が伸び繰り返し収穫可。小株にも大株にもなり、生育の早い「早生千筋京ミズナ」（野口）、色鮮やかな赤紫色の「紅法師」（タキイ）など。

狭い場所なら小さく育つ「早生千筋京ミズナ」（野口のタネ）

混植するなら

病害虫を防除するキク科の**リーフレタス**と**シュンギク**、**ミツバ**など

	1月	2月	3月	4月	5月	6月	7月	8月	9月	10月	11月	12月
種まき・植えつけ												
収穫												

粒が大きい「打越一寸」（サカタのタネ）の収穫

混植するなら

株元の寒さよけに**ビオラ、スイートアリッサム、カトレアクローバー、ハコベ**など

コンテナの土も豊かになる

ソラマメ

マメ科／アフリカ／一年草

手間いらずで地力アップ

アブラナ科野菜が多い冬に半年かけて育つマメ科野菜を入れると、地力アップに効果的。長い支柱も必要なく、春まで手間いらずです。株元に花を寄せ植えすると、お互いによく育ちます。さやに5粒入る品種は小粒になるので、3粒の「打越一寸」（サカタ）がおすすめ。

	1月	2月	3月	4月	5月	6月	7月	8月	9月	10月	11月	12月
種まき・植えつけ												
収穫												

食べるタイミングで3タイプある

エンドウ

マメ科／地中海沿岸、中央アジア／一年草

春のグリーンカーテン

つるあり、つるなしがあり、収穫期間が長いつるあり種を選んでいます。エンドウにはさやを食べるサヤエンドウ、実を食べる実エンドウ（グリーンピース）、両方食べられるスナップエンドウの3タイプあります。さやが紫色の実エンドウ「ツタンカーメンのエンドウ」（つる新）は美しく、病気にも強い品種です。

混植するなら

定植後、冬を越すので防寒に**ビオラ、スイートアリッサム、ネメシア、イベリス**など

紫色の実エンドウ「ツタンカーメンのエンドウ」（つる新種苗）

	1月	2月	3月	4月	5月	6月	7月	8月	9月	10月	11月	12月
種まき・植えつけ												
収穫												

オシャレなフォーカル
ポイントにもなります

栄養価が高く、ほぼ一年中収穫

スイスチャード

ヒユ科／地中海沿岸／二年草

キッチンガーデンを彩る

茎と葉脈が赤、オレンジ、黄色など鮮やかな色のバリエーションが豊富。冬の寒さも平気、夏の葉野菜の少ない時期も丈夫、ほぼ一年中収穫できます。虫の被害や病気の経験もなし。鉢の大きさに合わせて育つ柔軟性もあります。栄養価が高く、ピーラーでスライスして水にさらすと食べやすい。間引き菜もサラダに。

混植するなら

混植してもコンパクトに育つので**ビオラ、スイートアリッサム、クローバー**などと一緒に

	1月	2月	3月	4月	5月	6月	7月	8月	9月	10月	11月	12月
種まき・植えつけ				━	━	━	━	━	━	━	━	
収穫	━					━	━	━	━	━	━	━

土を殺菌する効果あり

葉ネギ

ヒガンバナ科／中国、中央アジア／多年草

再生栽培もできる

ネギは根に共生する微生物の力を借りて、土を殺菌したり病原菌を抑える効果あり。小～中ネギ栽培に適した「小夏」（タキイ）は、夏でも収穫可。「九条太葱」は種から2年以上かかりますが、冬に根つきの九条ネギで再生栽培すると春まで収穫可。種球根を植えつけるワケギ、アサツキは半日陰でも育ちます。

混植するなら

ネギが病害虫を防いでくれるので**キュウリ、ホウレンソウ、コマツナ、ミズナ**など

不織布バッグで育てた「小春」（タキイ種苗）

	1月	2月	3月	4月	5月	6月	7月	8月	9月	10月	11月	12月
植えつけ									━	━	━	
収穫	━	━	━	━	━	━				━	━	━

鉢からこぼれるように
広がるオレガノ

丈夫なマルチングハーブ

オレガノ

シソ科／地中海沿岸／多年草

混植するなら

強い光に弱い**セロリ**、**スイスチャード**、**ブロッコリー**や**カリフラワー**のマルチングに

寒さや乾燥に強い

別名ワイルドマジョラム。丈夫で寒さや乾燥に強く、葉、茎、根に辛みがあり、殺菌効果があります。定植後、約3年は植えたままでOK。それ以降は株分けをしますが、根づきが早く丈夫。鉢全体に広がるので、マルチングハーブとして効果的。初夏に咲く赤紫色の花がハチを呼び、野菜の受粉を助けてくれます。

	1月	2月	3月	4月	5月	6月	7月	8月	9月	10月	11月	12月
植えつけ				━	━	━			━	━		
収穫			━	━	━	━	━	━	━	━		

アブラナ科の野菜を害虫から守る

コリアンダー

セリ科／地中海沿岸／一年草

種もスパイスになる

特有の香りがあり、アブラムシやハダニを防ぐ効果も。春と秋に種まきができ、秋まきは株が大きく、香りも強いです。春には繊細な花が咲き、ハチを誘います。種は自家採種しやすく、甘い香りでスパイスに。種は殻が硬く、2つの種が合わさっているので、板を当てて半分に割り、一晩水につけると発芽しやすい。

混植するなら

アブラムシがつきやすい**キャベツ**、**ブロッコリー**など。**ミツバ**や**カモミール**も相性がいい

水はけがよければ半日陰でも育ちます

	1月	2月	3月	4月	5月	6月	7月	8月	9月	10月	11月	12月
種まき				━					━			
収穫	━	━	━			━	━			━	━	━

混植するなら

花にはアブラムシがつきますが、**コリアンダー**との混植で激減。他に**キュウリ、ニラ**など

レモングラスと寄せ植え

グランドカバーにするなら多年草を

カモミール

キク科／ヨーロッパ／一年草、多年草

根に土壌改良効果

「植物のお医者さん」と呼ばれて人にも植物にも薬になるハーブです。根には、カルシウムやカリウムを増やす土壌改良の効果が。一年草の「ジャーマンカモミール」と、多年草の「ローマンカモミール」があり、後者の方が草丈は低く、グランドカバー向き。

	1月	2月	3月	4月	5月	6月	7月	8月	9月	10月	11月	12月
種まき									■	■		
収穫				■	■	■	■					

混植するなら

種をまかなくても、ハコベが自然に隣り合わせた野菜ならすべてうまく育ちます

自然に生えてくることが多いので、抜かずにそのまま

道ばたでもよく見かける春の七草

ハコベ

ナデシコ科／ユーラシア／一年草、多年草

自然のマルチング

春の七草のひとつで、道ばたでも見かける野草です。鳥が種を運んだのか、冬になると自然に生えてきます。野菜や花の邪魔はせず、空きスペースに葉を広げる奥ゆかしい性格。ハコベが生える土は中性に近い土壌環境で、どんな植物も育ちやすいそう。自然に生えてきて、植物や土をマルチングしてくれます。

	1月	2月	3月	4月	5月	6月	7月	8月	9月	10月	11月	12月
自然生え	■	■	■	■	■					■	■	■
収穫	■	■	■	■	■					■	■	■

Short story 4

菜園と子供たち

上／そのへんにあった紙に、長男がなにげなく描いた菜園の仲間たち。絵に添えた文章も、私にとっては宝物です

下／ 次男が小学生のときに描いた紅茶缶の苗。トマト苗には小さくスーパーローマと品種名が書いてあり、このトマトが好きだったわけが今頃になってわかりました

菜園に育まれた宝物の日々

自宅から歩いて20分のところに菜園を借りたのが1991年の春でした。一冊の園芸書を買い、近所の種苗店の野菜苗をすべて1苗ずつ買って植えつけたのです。園芸書通りだと植えつける場所がすぐになくなり、トマト、ナス、キュウリ、トウモロコシの株間にカボチャ、サツマイモ、スイカを植えることに。野菜はどんどん育ってジャングルみたいになりました。それでもなんとか収穫できたのがうれしくて、うれしくて、こういうのを「ビギナーズラック」というのでしょう。今にして思えば、それが寄せ植え菜園の始まりでした。

当時6才と3才だった息子たちも、初収穫に大喜びしていたのが懐かしいです。収穫した野菜を持ち帰っては、食べる前に絵を描いていました。パレットに溶いた水彩絵の具を、次男が横から使って描いた紅茶缶の苗の絵は今もリビングに飾っています。虫が大好きな長男が描いた絵は、その観察力と描写力に感心！ 大人になった今、彼らの価値観の中に菜園があるなぁと感じています。

Part 4

狭いからこそ素敵に演出＆便利に活用

ベランダ菜園の舞台裏を公開

ベランダをオシャレに、使いやすくするアイデア満載。
便利な資材や愛用の道具類など
ベランダ菜園にまつわるあれこれをお見せします。

1

ベランダを素敵に、便利に、楽しく演出

アイデア満載！ベランダ活用術12

自宅のベランダを「菜園」に変えるアイデアやアレンジをご紹介します。
これから始める人、すでに始めている人も、ぜひ参考にしてみてください。

Idea 01

寒暖差やわらぐウッドパネル

我が家のベランダ菜園は、ホームセンターで購入した35cm角のウッドパネルをコンクリート床に敷き詰めることからスタート。夏は日差しの照り返しを、冬は冷え込みを防ぎ、植物の成長に適した温暖な環境に。リビングとベランダの一体感も出て、見た目もきれいです。

Idea 02

壁側につけずフェンス側に設置

壁側ではなく、フェンス側にパーゴラを設置することで、野菜の日当たりや風通しもよくなります。リビングからも眺められるので、室内からどう見えるかを意識してレイアウトします。管理規約により、パーゴラが設置できないマンションもあるので、購入前に必ず確認を。

Idea 03

収納力抜群！ 棚&引っかけ

パーゴラに渡した2段の横板は後から取り付けたもので、鉢置きとしてとても便利。横板は格子状なので鉢がすっぽりはまります。よく使うシャベルやハサミ、害虫退治のピンセットとビニール、木酢液を入れるスプレーボトルはパーゴラに引っかけてすぐに使えるよう常備。

Idea 04

パーゴラの天井にはつる性の野菜や果樹

パーゴラの天井部分は日当たりも抜群。パーゴラ横のコンテナに植えたヤマブドウを天井に誘引し、文字通りブドウ棚に。ツルが伸びるエンドウなどのマメ科野菜も天井まで誘引してのびのびと育てています。

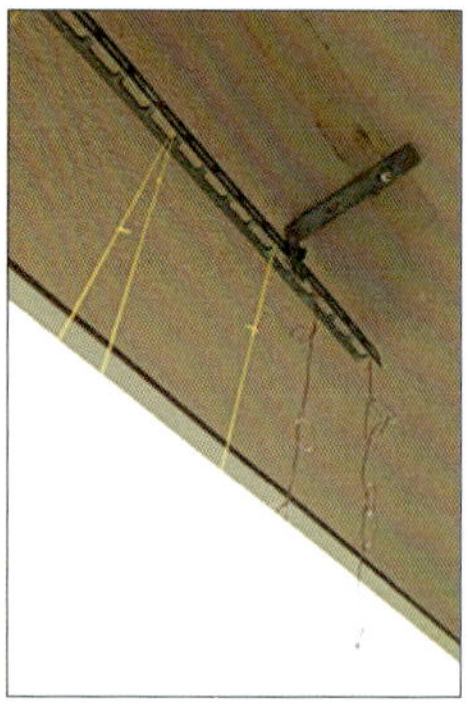

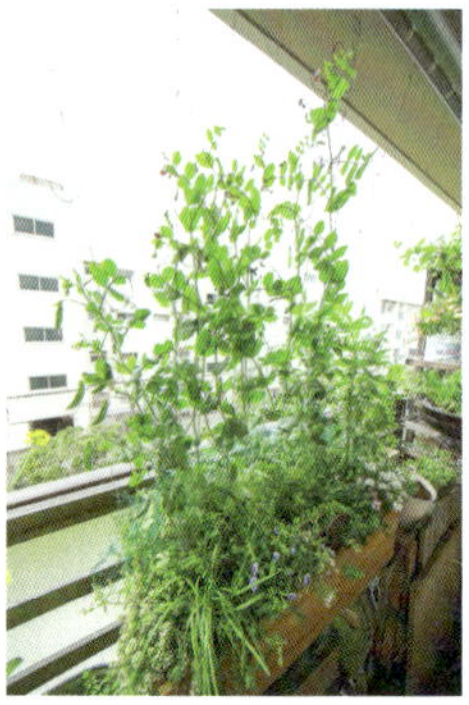

Idea 05

最前線のフェンス側は天井までいつでも誘引

パーゴラの天井だけでなく、エアコンの室外機用のボルトを利用して、長さ1.8mのL型マルチ鋼材をフェンス側に取り付け、そこへ誘引します。この鋼材には穴がたくさん開いているので、あらかじめヒモや銅線を通していつでも誘引できるようにスタンバイしています。

Idea 07

はさむだけ！ 便利な誘引クリップ

100円ショップなどでも購入できる「園芸用誘引クリップ」。ヒモで結ぶ手間もなく、支柱や銅線に茎やツルと一緒にはさむだけ。堅い茎でも傷めずにはさめ、とてもラクチンです。

Idea 06

見た目もカワイイ銅線のリング

抗菌性もある銅線を空きビンにからめて数回ひねり、輪をつくった名付けて“誘引どこでもリング”。ツルを思い通りの場所へ誘引できてとても便利です。使っていないときでもかわいいアクセントに。

Idea 08

コンテナを台に載せれば
日当たりよく作業もラク

床にコンテナをじかに置いては日当たり十分とはいえません。台やベンチ、棚、室外機カバーなどに載せるだけで、日当たりも通気性もよくなり、下の段を物入れにしたり有効に使えます。しゃがまずに作業できるので、腰もラクですよ。

Idea 09

洗濯物もバスケットも日当たり良好

ベランダにある物干し竿には洗濯物も干しますが、長さ違いのS字フックを使ってハンギングバスケットをつるします。取っ手があれば何でもつるせるので、コランダーやバケツなどもOK。床にじかに置くよりも日当たりはバッチリです。

Idea 10

手づくりプランツマーカー

種まき後はプランツマーカーに名前を書いて鉢に飾ります。アイスキャンディの棒や木のスプーンに好きな色を塗って手書きで文字を入れます。菜園のアクセントになり、愛着も増します。

Idea 11

コンテナの代わりに

空き缶、ビニールテープや不織布のバッグ、コランダーなどのキッチングッズなど、身近にあるものもコンテナの代わりになります。ただし、水はけのために容器には必ず穴を開けること。

Idea 12

カバーに引っかけて収納

ベランダに出たついでに枝葉を切ったり、虫を退治したり。すぐに作業できるように、室外機カバーに道具類を引っかけて収納。懐中電灯とビニール袋は、夜活動する虫を確保する必需品。

2

ベランダ菜園お助けアイテム

野菜の成長をサポート！

野菜づくりに必要なもの、あると便利なもの、私のおすすめをご紹介します。

「基本の土づくり」の材料

35ページで紹介した、繰り返し使える土づくりに必要な材料です。

**軽いのに保水性もいい
ココヤシ100%の土**

ココヤシの繊維を圧縮乾燥させた、ココヤシ100%の園芸用土。植物の繊維なので微細な穴があり、通気性はもちろん保水性もいい。水を注ぐと約8倍に膨らむ。ココナチュラル ブロックタイプ500g　ディスクタイプ100g（ディスクタイプは2個セット）／スペースキャピタル

**24種類の微生物が
土を元気にする**

野菜や花などあらゆる植物に使える有機元肥。菌根菌をはじめ24種類の微生物入りで土を豊かにします。細粒で土との混ざりがいい。有機元肥「元肥の匠」200g／プロトリーフ

**ミミズがつくった
有機特殊肥料**

ミミズのエサづくりから熟成まで約２年かけてつくられるミミズの糞の土。土に混ぜるだけで植物に必要な栄養素が得られ、有用微生物の増殖を促進。みみず太郎100 5L／豊徳

**微生物のすみかになる
もみ殻燻炭**

精米時に採れるもみ殻を低温で燻した土壌改良材。酸性土壌を中和し、保肥力、排水性、通気性がよくなり、根の生育にも効果があります。くん炭 20L／プロトリーフ

**菌根菌が根を強くする
軽くて便利な培養土**

軽いココヤシピートを中心に、菌根菌などの元肥を効かせた培養土。土づくりが苦手な人は、これひとつですぐに野菜づくりがスタート。野菜専用かる〜い培養土 40L／プロトリーフ

追肥用の肥料

栽培期間の長いもの、元気のないものには肥料を追加します。

天然素材を熟成し根や微生物を元気に

植物の「根」を主眼に、厳選された天然素材でつくられた活性液や有機肥料など。左からバイタル（活性液）180cc ニーム（植物保護液）200cc オリジナル（追肥）240g／すべてバイオゴールド

バイオゴールドオリジナルはすべての植物に使え、根元にまくだけ

植物の細胞に働きかける液体肥料

植物が受ける様々なストレス（日照不足や強い日差し、長雨など）から起きる機能低下を、細胞レベルで整え予防する、天然由来成分使用の液体肥料。ヴィコント564ネオ 100ml／バイオゴールド

ジョウロ

大小あれば用途によって使い分け

大きめのプラスチック製ジョウロは、水を入れて運びやすいデザイン。1Lのステンレス製ジョウロは、ハンギングバスケットなど高い所用。ピンポイントで水をやりたいので、ハス口は使いません。

鉢底石

手のひらに載せるとふんわり軽くて驚き！

ふんわりかる～い鉢底石

原料の黒曜石を高温で発泡させ、根に十分な酸素を与えます。とても軽いのに繰り返し使えます。最後は崩して土に混ぜると土壌改良材に。かる～い鉢底石 2L／プロトリーフ

鉢底石は水切りネットに入れて

鉢底の通気性を保つ鉢底石はプランターの必需品。使う前に水切りネットなどに入れておくと、そのままプランターに入れられるので便利です。最初からネット入りの市販品もあります。

おすすめ！

支柱

使いたいときにサッと取り出せると便利

支柱は竹製をはじめ、何本かストックを持っていると、いつでも使えて便利。すぐに使えるように1カ所にまとめておきます。強風時のサポートにも役立ちます。

3

ベランダ菜園を彩るグランドカバープランツ

野菜の生育を助け、寄せ植えにピッタリ!

野菜と一緒に植えれば、土の乾燥を防いだり、受粉に必要な昆虫を誘ったり。ベランダ菜園の舞台裏には、野菜の成長をサポートしてくれる植物たちが欠かせません。

イベリス

草丈は低く、白い小さな花がこんもりと咲きます。多年草もあり、さし芽で増やせます。

カトレアクローバー

土の質をよくしてくれるマメ科植物。小さな葉と桃色のコロンとした花が愛らしい。

クフェア

メキシコ原産なので真夏でも花がよく咲きます。丈夫で、夏のカバープランツにピッタリ。

シバザクラ

春には桜に似た小さな花が咲き、這うように横に広がって花のじゅうたんになる多年草。

スイートアリッサム

寒さに強く、真冬でも花が咲き、初夏まで長く楽しめます。草丈も高くならず、扱いやすい。

ネメシア

色鮮やかな花が春に咲く一年草と、春から冬まで咲き続ける多年草があり、とても丈夫です。

ハコベ

春の七草のひとつ。どんな野菜とも相性がいいので、生えてきても抜かずにそっと見守って。

パンジー

真冬でも色とりどりの花が元気に咲いてくれるので、冬のカバープランツの代表選手です。

ビオラ

パンジーよりも小さな花が咲き、花つきもいい。花色も豊富で、野菜との色合わせも楽しい。

ペチュニア

花がらつみを忘れなければ、春から秋まで毎日のように咲き続けて丈夫です。

マリーゴールド

根から侵入するセンチュウを予防。ただし、日陰になると枯れてしまうので、植える位置に工夫を。

ミリオンベル(左)／ナツユキソウ(右下)

花色も豊富でたくさんの小花をつけるミリオンベル、夏に白い花が咲くナツユキソウ。

■参考文献

『伝承農法に学ぶ野菜づくり こんなに使えるコンパニオンプランツ』木嶋利男（家の光協会）

『野菜の品質・収量アップ 連作のすすめ』木嶋利男（家の光協会）

『やさい畑』2016年冬号　特集「連作なんて怖くない」木嶋利男（家の光協会）

『やさい畑』2017年春準備号　特集「菌は畑の救世主」木嶋利男（家の光協会）

『コンパニオンプランツで野菜づくり』木嶋利男（主婦と生活社）

『ミミズと土と有機農業』中村好男（創森社）

『畑をつくる微生物』木村龍介（農山漁村文化協会）

『地面の下のいきもの』（絵）松岡達英、（文）大野正男（福音館書店）

『図解でよくわかる 土壌微生物のきほん』（監修）横山和成（誠文堂新光社）

『図解でよくわかる 病害虫のきほん』（監修）有江力（誠文堂新光社）

■Special Thanks

株式会社 豊徳
http://mimizunotuti.com/

株式会社 プロトリーフ
TEL 03-3769-2828

株式会社 タクト(バイオゴールド)
TEL0276-40-1112

スペース・キャピタル有限会社
TEL0794-82-1902(SPACE SHOP 楽天市場店／YAHOOショッピング)

公益財団法人 科学教育研究会・ミミズ研究会（アースワーム研究会）
http://www.sef.or.jp/earthworm/earthworm_top.html

おわりに

この小さなベランダで育った命にずっと夢中になってきました。
鳥や風が運んで来たのか、種が自然に芽を出したり、
ミミズの赤ちゃんだって生まれます。
駅からすぐのコンクリートのマンションなのに、
桜の頃になるとメジロもやってきます。
そんな自然の循環を身近に感じながら、
はっとするような植物の不思議に触れることがあります。

失敗したり迷ったりしたときに読んだ本が
私にたくさんのヒントを与えてくれました。
木嶋利男博士をはじめ、たくさんの先生方に
この場を借りて感謝を申し上げます。

長いおつきあいになるカメラマンの鈴木正美さんと重ちゃん。
今回も生き生きとした写真がうれしかったです。
８年ぶりの新刊となる本書を企画してくれた、
誠文堂新光社の柳千絵さんと、編集の松崎みどりさん。
ベランダに来るたびに驚いてくれて
わたしのエネルギーになりました。
表紙のデザインは、菜園講座の受講生でもある中嶋香織さん。
皆様に心からお礼申し上げます。
最後に夫の淳さん。今まで撮りためてくれてありがとう。

たなかやすこ

ガーデニングクリエイター＆イラストレーター

コンテナをメインとした家庭菜園歴30年の実績を活かし、大学の市民講座や、各地のワークショップなども多数開催している。『とれたてがおいしい！　おうち菜園』（扶桑社）『ベランダでおいしい野菜づくり』（主婦の友社）『はじめてのベランダ菜園』（集英社）『おいしいベランダ菜園』（家の光協会）など著書多数。

ホームページ https://www.greengloves.jp/

STAFF

撮影	鈴木正美　重枝龍明（Studio orange） 田中　淳　たなかやすこ
編集	松崎みどり
イラスト	たなかやすこ（P4-9、41、140） イケウチリリー（P33、37、43）
カバーデザイン	中嶋香織
本文デザイン	安居大輔（Dデザイン）

自然《しぜん》の力《ちから》を借《か》りるから失敗《しっぱい》しない

ベランダ寄《よ》せ植《う》え菜園《さいえん》

NDC620

2018年2月16日　発　行
2023年3月1日　第5刷

著　者　たなかやすこ

発行者　小川雄一
発行所　株式会社 誠文堂新光社
〒113-0033　東京都文京区本郷3-3-11
電話03-5800-5780
https://www.seibundo-shinkosha.net/
印刷・製本　大日本印刷 株式会社

ISBN978-4-416-51811-3